生命，因閱讀而大好

進入四分之一人生，從後青春期開始的成長指南

莎堤雅・道爾・碧阿克——著
Satya Doyle Byock
黃意然——譯

獻給我的父母：

安妮塔、艾拉和伊凡，他們用熱情和正直為我示範了充滿生氣的生活，世上沒有比這更棒的禮物了。

「未來將在你的心中由你創造出來，所以深入研究你自己吧。不要比較，不要衡量。沒有別種方法和你的一樣，所有其他的方法都在曚騙、誘惑你。你必須實現自己心中的方法。」

——卡爾・榮格（Carl Jung），《紅書》

目錄

contents

Part 2

逐步創建個人的生命之路

作者註

本書中描寫的每位案主，都是綜合自我在心理治療實務中聽到的故事。沒有一個人物代表單一案主，所有識別身分的細節都經過修改。在這個以不得洩露祕密為根本的專業領域中，對於如何將案主的經歷當成個案研究這件事，幾乎沒有相關的道德指引。我的目標是在嚴格遵守保密原則下提供故事，並且不過度簡化或依賴比喻。我只希望自己成功做到了。

本書並沒有談到新冠肺炎的大流行。多數原稿都是在病毒出現之前寫的，當時我還在實體辦公室看診。由於我一直希望這本書的構成能相對不受時間影響，因此我選擇不更動內容，來反映我的心理治療實務方式或整個世界最近的變化。這場瘟疫以各種方式影響了此刻活著的每一個人，我無法知道這些書頁最終到達讀者手中時，世界又會是什麼模樣。我的重點一直是：撰寫這本書，好讓任何時代處於四分之一人生的青年能夠閱讀，從而找到方向。

序文

「我為什麼覺得迷惘？」

「我的生活為什麼一團糟？」

「我為什麼卡住了？」

「我到底出了什麼問題？」

這些我全聽到了。從隱約懷疑到無止境的恐慌——不可否認地，在十幾歲、二十幾歲到三十幾歲的年輕人當中，苦惱的心情普遍存在。嚴重的焦慮、憂鬱、痛苦與迷惘，事實上是常態。自殺率高得可怕，服藥過量也一樣嚴重。促使問題更加惡化的，是給這些人常見的診斷和解決方案往往增加了混亂和壓力，彷彿這階段的人生讓個人與醫療體系措手不及。這不只是精神疾病的問題。從根本上來說，沒有人對這時期的人生發展有深刻的了解，社會大眾甚至對這段青春期之後的二十多年該如何稱呼，也未曾有共識。

我稱這個階段為「四分之一人生」，源自「四分之一人生危機」。這個詞最初由艾比・威爾納（Abby Wilner）在一九九七年所創造，在我邁入成年的二十一世紀初期開始崛起。四分之一人生是一段獨特的人類發展時期，需要有自己的藍圖和精神指引，不該淪為預計會發生一連串危機、令家庭絕望與個人感到羞愧的時期，也不該是經常倚賴醫療方式來處理問題的時期。

這本書就是要提出替代方案。

我之所以成為一名心理治療師，並專門幫助處在這個成年階段的人，是因為我在那些年也經歷過迷惘。當我去尋找、探究自己的心情為何如此不知所措的深刻見解與答案時，所找到的資訊或協助少得可憐。我從小到大在學校學到的生活方式，似乎與大家期許我獨立的生活方式並不一致。如同這年齡層的多數人一樣，我一直在學術發展的階梯往上爬：從小學一年級到二年級，五年級到六年級，一路到高中、大學，然後就把我放到社會上生活了，彷彿我受過的訓練已足夠應付學術以外的生活。但實際上並沒有。沒有人教過我，如何烹煮健康的餐點或更換輪胎；更沒有人教我自問，我是什麼樣的人或我想從生活中獲得什麼。

此外，也沒有人給我工具幫助我了解，在重重社會困境包圍下的世界該如何生活。儘管我的同儕和我一直以來接收到的訊息都讓我們相信，人生是一段有條不紊、漸進式的階梯，能夠通往某些目標，例如：職業發展、婚姻、擁有住房；但是到了某個時間點，我們各自都發現事實並非如此。我們對成年期的線性印象是根據異性戀本位的性別角色和種族、經濟上的等級制度，這些過時的觀念認為充實的人生可以透過勾選人生待辦事項的清單來實現。而實際上並不可能。

四分之一人生不是一段千篇一律的旅程，它需要收集許多**經驗**，包括雜亂、具體、未知的經驗。完整的心理發展離不開複雜的關係、失敗、風險、渴望與冒險。儘管西方文化渴望減少雜亂和混亂，但四分之一人生階段的心理發展卻不是遵循一個簡單的計畫。經驗是找到自我人生的基礎，而人生本來就是獨一無二的，沒有專屬的地圖或明確的路徑。如同神話學家喬瑟夫．坎伯（Joseph Campbell）在思考人生旅程時說的：「就算有路，那也是別人的。」

不過有些常見的模式可以當成沿途的路標。

接下來的章節，我將對四分之一人生的永恆之旅提供一些見解，首先藉由探究歷史上的文學和傳記中關於這段時期的描述，接著再透過我心理治療實務中的四位案主——蜜拉、康納、葛蕾絲與丹尼的故事。這些故事從第二部開始，將會呈現四個截然不同的青年，如何逐漸了解自己、開始找到自己的道路。

要了解這階段的人生，首先要辨認處在四分之一人生的兩種青年類型，以及他們的目標，和我所說的「成長四大支柱」。我會透過葛蕾絲和丹尼的故事，介紹「追求意義型的人」與他們對穩定的追求；接著再透過蜜拉與康納的旅程，說明「追求穩定型的人」與他們對意義的追尋。無論你多數時候是尋求意義或是追求穩定，你的終極目標都是兩者兼得，以致能在自己的人生中體驗到完整與自在。

成長四大支柱——分離、傾聽、建立、整合，就像發展過程中的路標。這些並不是線性階段或者需要完成的任務，而是四分之一人生階段中重要的心理課題，可以導致攸關身心健康與滿足的重大改變。完成這項課題必須擁有接受的能力與奉獻的精神，這並不是件容易達成的事，而且有數不清的結構與系統性的障礙增加了難度而令人困惑。然而驚人的轉變還是有可能發生，即使背負過極為嚴重的創傷與痛苦。因此，了解一些發展的模式將會有所幫助。

這項課題不一定要在心理治療中進行，但治療確實提供了安全、始終如一的場所，供人深入思考和具體治癒，並給予指導及自我省思的機會。這在現代世界的其他地方是很難找到的。

一般都勸誡在四分之一人生階段的人不該以自我為中心，我的觀念與此相反，我鼓勵案主對自己過去、現在和未來的生活與經驗抱持興趣。我看重的是廣泛的好奇心，而不是尋求有限的結論。利己的想法，在短期和長期上都有助於緩解憂鬱和焦慮，更幫助人們發現正在尋找的獨特生命之路。

關於如何成為成年人，青年通常接收了大量相互矛盾的訊息，像是：做人得務實且成功，還要受歡迎、有魅力；要有錢又有名、聰明又有趣，並且富有創造力和企業家精神，但不能自我中心或自私，更不可享有特權或冷酷無情、不知人間疾苦。這些暗示和明示相互牴觸，全都無關真正的自我認識或自我照顧，而青年為了遵守這些指示反而會變得極度迷惘。相反地，青年越去探索自己的身體與過往的經歷、從前的創傷和壓力，以及欲望和渴望的核心，就越能學會傾聽自己的直覺而對自己的未來有所了解。這是我提倡的做法：不用去修補一個人所謂的破碎，而是去好奇自己的身體與靈魂，如何對外在世界、人際關係、親密關係、家族史、食物及文化社會中的種種經驗做出最好的反應。

這本書是寫給任何年齡約介於十六到三十六歲之間的青年，他們迫切地想要改變自己和所處的環境，他們疲憊或害怕、憂鬱或焦慮，甚至可能絕望。這本書也獻給——希望自己的成年生活沒有無止境的苦難或揮之不去的不確定狀態，而可以是充滿清晰的思路、方向及喜悅的人；以及努力在令人痛苦的行星上尋找出路的人；還有仔細思索此階段的人生，為了找到目前所處定位的人。

此外，這本書也寫給這些青年的父母、治療師和教師們。我們的終極目標是透過自我探索，讓青年在複雜且極度緊張、焦慮的世界裡，找到並創造自己的人生與目標。儘管自我探索一再受到大眾嘲笑，但這不是「自我耽溺」，而是如同古人所鼓勵的行動：「認識自己，你就會了解諸神。」

Part

1

總是對生活感到不滿足

四分之一人生並非千篇一律的旅程，
需要收集許多雜亂與未知的經驗。

Chapter 1

比這更好的

尋找平庸人生裡的意義

你知道有更好的東西，
只是還不明白它在哪裡。

我對這階段的人生開始感興趣，是在大學即將畢業的時候。我不由得注意到班上幾乎每個人都不確定自己的未來，除了少數找好工作或準備念法學院的人顯得平靜而快樂以外，這情景就像哥吉拉（Godzilla）*突然來到岸邊。有些人開始恐慌，朝各個方向飛奔，尋找生存的計畫，任何計畫都行。有些人完全聽天由命，彷彿認定自己最好的時光已經過去。有些人則仍然瘋狂地盡情玩樂，好像繼續過著大學生活就會讓巨大的威脅消失。

在此之前，我們念書、寫報告與考試；我們運動、抗議與聚會，一起在自助餐廳吃午餐，沒下雨的時候躺在廣闊的草坪上。我們幾乎時時刻刻都很忙碌，但是注意力全都集中在完成學業以順利畢業這件事上。每門課都有修業截止日期和考試，一學期接著一學期，直到考完最後一輪期末考，迎來家人到訪的畢業那天。一切都發生得非常迅速。忽然間，我們就來到這裡：結束將近二十年的學校生活，對以後要做什麼卻沒有明確的方向。我們花費許多心力在如何考取大學，以及該上哪所學校的推銷宣傳上，但如今我們不再是客戶，只是一群二十出頭的年輕人，被扔出學術的安樂窩。沒有任何指示，有的只是：

「去，去吧！我們沒有別的東西可以給你們了。」

我覺得我並不比高中時更清楚自己的人生要做什麼。每當我表達自己對存在的主張時，多數時候都無人理會。「這就是事實」，而我以後會「明白的」。我發現自己回想起青少年時期相當喜愛的浪漫喜劇《情到深處》的最後幾幕。當我還是個患相思病的青少年時，我會一遍又一遍地重播男主角洛伊德．杜伯勒（Lloyd Dobler）將手提音響舉在頭上，有如羅密歐在追求茱麗葉的那一幕。（當然，我也反覆聽他播放的那首由彼得．蓋布瑞爾（Peter Gabriel）唱的〈在你眼中〉。）但在我快要畢業的時候，那部電影的另一幕開始悄悄潛入我的意識。洛伊德的「茱麗葉」——女主角黛安娜．寇特（Diane Court），身為畢業生代表的她，對著一大群畢業同學和拿著嗡嗡作響的攝影機的家長致上告別辭。最後她說：「我擁有世界上所有的希望和抱負，可是當

＊在日本電影《哥吉拉》系列裡登場的怪獸。

我想到未來……說實話……我真的……很害怕。」簡單地說，那就是我的寫照。擁有世界上所有的抱負，而且不可否認地，害怕得要命。

畢業三年後，我在波特蘭市中心一家軟體新創公司擔任專案經理。大學畢業到從事這份工作之間，我曾試著投入人道主義和社會正義相關的工作。我申請了無數個非營利的職務，也到國外當了兩次志工，先是在哥倫比亞波哥大的監獄，然後是在斯里蘭卡遭到海嘯摧殘的海岸邊。為了支付帳單，我還做過各種各樣的兼職和初階工作。在「社會創業」及「社交媒體」發展初期，我曾試著創立一家公司，讓像我這樣的年輕人有機會幫助國內外的群體。（我因此涉足了新創公司與科技業。）這份專案經理的工作，是我畢業以來第一份待遇優渥的全職工作，我很慶幸自己突然有了儲蓄帳戶，但是我並不快樂。除了經濟上可以存活外，我一點都不了解自己做這些事的「意義」，也不覺得自己過著命中注定「屬於我」的生活。我有一份「好工作」，對此我心懷感激，但我協助開發的科技產品對人們絲毫沒有吸引力，似乎是從校友會的關係網誕生，而不是擁有真正的願景或需求。大多數的日子裡，我從二十六層樓高處望著窗外的夏日天空，但願自己是在平地上騎自行車。我曾試圖打造自己覺得有意義、同時又對世界有所影響的生活，但我失敗了。這不是我預想的未來，也不可能是我在學校多年來一直努力的目的。

當時我花了很多時間寫日記，記下我長期迷失方向的感覺。我曾寫到，所有的野生動物似乎在本能中都內建了某種形式的導航系統，比方說公狼離開狼群到世界闖蕩時，總有方向感和目的；或者不管距離多遠，大象都能找到水；海龜在大海中能找到灣流，知道何時何地該在沙灘上產卵；帝王斑蝶則懂得沿同一條路線，遷徙數千英里。但是人類單飛時，卻完全仰仗計畫、目標、策略與運氣來找到人生方向，我們的本能發生了什麼故障？儘管我的邏輯足以應付學校和社會上的事情，然而要有目的地規畫自己的人生時，對我來說卻從來不是一件容易的事。無論我寫下或是說出多少，我仍然難以理解什麼是正確的決定，也難以聽見自己的身體和感受向我透露著什麼。我可以自由地到任何地方遊蕩，但我經常覺得自己更像是一隻可憐的老虎，困在籠子裡來回踱步——而且有點「過於」被動——並不是一個狂野自由的人。

某一晚下班後，我在夏末的暑氣中飛快地騎自行車回家，氣喘吁吁、疲憊不堪地走進和室友合租的白色小屋。這星期非常難熬。我的辦公室裁員，我身邊最優秀的同事們，包括多位我管理的人突然都失業了。同時，所有最令人討厭的人都留了下來，像是掠奪成性的執行長和他弟弟，他的無能彷彿惡臭那般地散發出來。我知道自己不想繼續待在那個環境，因為我對自己協助開發的產品毫無信心，現在圍繞身邊的又都是我不敬重的人。按照他人對我這年齡層的期待，我應該對人生充滿嚮往才對，然而我卻一天天失去原始的動力，對自己曾經盼望的生活失去信心。當我開始向室友講述我的一天，以及我的上司如何試圖說服我不要離職時，我忽然間搖搖晃晃地啜泣起來，癱倒在地板上。我已經到了極限。我不知道我對自己的人生做了什麼，儘管有人給過建議，我還是忍不住去想這件事。我對相互矛盾的信念和迫在眉睫必須做的決定感到厭惡：我該辭去這份愚蠢的科技業工作，等待認股選擇權下來，然後回去做多份兼職的工作嗎？還是該抓住升遷的機會並獲取經驗？或者休個假就好，得讓自己在痛苦中成長？

這之中沒有一個選項，能讓我清楚地知道自己的最終目標。我知道自己對生兒育女不感興趣，結婚的念頭似乎還很遙遠，那麼我的目標只是累積財富、在公司裡步步高陞嗎？無論我望向何處，看到的都是死胡同。我的心無法平靜下來，我找不到自己的核心。我感到自己被徹底壓垮、精疲力盡，同時覺得自己空洞的擔憂無聊透頂。我所做的任何事，對這危機不斷的世界都不會造成什麼影響；我所做的一切，都沒能帶給我明確的喜悅或目的感。我倒在木地板上哭泣，感覺自己瘋了、卡住了。身為二十多歲的大學畢業生，照理說我應該蓬勃發展，所以我到底出了什麼差錯？

儘管我在各方面都懵懵懂懂，但我開始看到周遭人們痛苦的模樣或姿態。從我的室友到朋友、約會對象、以前的同學與同事，我周圍的人都和我年紀相仿，他們都有類似的掙扎。有些同齡人的日子比我更艱難，有人因為複雜的診斷反覆進出醫院，有人甚至受到防止自殺的監控。不過還有很多其他人，看起來比我感覺的還要沉穩。他們似乎不會因為擔憂存在問題，而讓自己的生活基礎經常瀕臨破壞的邊緣。他們好像不會煩惱**這一切有什麼意義**？即便他們似乎也不完全確定自己在做什麼。我們很少有人上過如何處理獨立生活中無數事情的課程，像是求職、安排開支、繳稅、約會、性交、設定界線、烹飪與清掃，然而我們卻被認定應該能夠應付這一切。在許多情況下，周遭的人都告訴我們**不會有事**。心理健康危機、憂鬱、焦慮似乎是種祕而不宣的事，但另一方面，假定我們這一代很淺薄的笑話卻日益增加。

我向來覺得那些笑話很古怪。幾乎每個世代都有重大的社會危機要解決，這有助於塑造這群人的世界觀。我們這一代的情況並無不同。我們邁入成年時正好是九一一事件餘波後，重返無休止的海外戰爭時期。氣候變遷日漸籠罩我們的未來，宛如有史以來構思過最恐怖的災難片。而當我們試圖追求美國夢的時候，還有大規模的經濟危機要處理。同時，對於發生在學校、食品雜貨店、音樂會、電影院與購物中心的大規模槍擊事件，我們被迫感到習以為常。

感覺好像沒人在照應我們。充斥著種族主義政策和私利的司法體系，監禁了無數和我同齡或比我年輕的人，也讓需要實際支持和方向指引的年輕公民淪為罪犯；而本來應當有導師和社會救助的地方，卻只有警察和法庭。我的許多同輩人都在工作中苦苦掙扎，所得的薪水絕不可能維持富足生活；有些人甚至貧困潦倒或無家可歸。我們有很多人背負著沉重的就學貸款和高築的信用卡債，部分原因出於社會中有專以我們這年齡層為目標的掠奪性做法。還有很多人經歷過創傷和虐待，卻沒得到適當的心理或身體照護，因而不斷進出毒品和酒精勒戒中心。太多人死於服藥過量，成為因企業貪婪而加劇的全國性流行病的受害者，這問題在未來幾年只會越來越氾濫。我們大多數人就算有保險也沒有可靠的健康保險。此外，如果有任何人因為痛苦、焦慮、憂鬱去找醫生或心理治療師求助，通常看診時間都很簡短，得到的只有迅速的診斷和處方藥。他們很少詢問，我們**為什麼**有這些情緒，更別說提供如何處理這些情緒的寶貴指引了。

當我在租屋處骯髒的地板上痛苦哭泣時，我知道，我缺乏方向的狀況一定有解決辦法。我也知道，在我和許多同輩感受到的困惑、神經質的痛苦背後，一定有更重要的意義。我無法相信，我們注定要面對擁擠不堪的監獄、無家可歸、槍枝暴力、一系列的精神障礙、慢性疼痛，或者無限循環地進出治療中心。倘若我這年齡層的人普遍都在受苦，那麼一定有更大的因素在影響整件事，不能單獨責怪我們每一個人。

我辭掉了那份工作，感覺很棒。我很確信那不是我的歸屬，雖然我還不知道自己應該在哪裡，但我不知怎麼地就是知道。如同社會心理學家肯尼斯・肯尼斯頓（Kenneth Keniston）多年前所寫的，一個人「可能會覺得他們有權擁有『比這更好的東西』，卻無法定義那『東西』是什麼」。我知道有更好的東西，只是還不明白那是什麼或者在哪裡。

大約在這時候，我和耐性十足又擔憂的母親通了許多次情緒激動的電話後，收到了她寄來的氣泡信封袋，裡頭裝了一本書。書名《傾聽靈魂的聲音》激起了我的興趣，我馬上讀了起來。這本書的作者是天主教修道士出身的心理治療師＊，內容談到要減少依靠認知，而要多利用直覺和整個人的存在來確定人生的方向。我請母親再建議我更多同類的書，她推薦了分析心理學鼻祖卡爾・榮格（Carl Jung）的《榮格自傳：回憶、夢、省思》。我在書店買了一本，一回到家立刻坐到地板上的床墊，皺巴巴的褐紅色床單被我壓在下面，我如飢似渴地閱讀起那本書。我在句子底下劃線，在頁邊空白處潦草地塗畫星號與打勾——「我整個存在都在尋找一種仍然未知的東西，那或許能夠為平庸的人生賦予意義。」我很高興有人如此了解我。

我花了好多年的時間，才能用言語表達我讀到的這些內容究竟有何重要之處。當時，我能確定的只有這本書裡有些值得重視的東西，這些想法將會指引我方向、改變我的人生。榮格對人類的理解與我在這世上的經歷產生深刻的共鳴，而且我從未聽過別人表達這樣的見解。當我看到他說，尋找並且過上**自己人生**的必要性時，我覺得自己無止境的發問和尋求獲得了**更多的**認可；當他強調追求生命的**完整**，而不是完美或成就時，我的心情更是如此。捧著這些書頁坐著，我有種好久以來不曾感受到的深切與持久的平靜。

＊湯瑪斯．摩爾（Thomas Moore），美國心理治療師兼作家，著有《心靈風情畫》等書。

我讀了更多榮格的作品，了解到他對象徵主義及潛意識特別關注後，不久我便加入一個解夢小組來探索自己頻繁出現的夢。我開始接受一位榮格分析師的心理治療，儘管沒什麼深謀遠慮，卻是那幾年以來我頭腦最清楚的時候。我開始攻讀研究所學習榮格心理學，明白了兩件事：我想要探索這些突然帶給我那麼多平靜的想法；此外，我需要學習更廣泛的心理學領域是如何看待這段難以捉摸、令人困惑的人生時期。

在研究所和往後的日子裡，我發現想了解這段人生時期的發展會遇上一些難題，原因就在於過去對這段介於青春期和中年階段的定義非常不清楚。事實上，一直到我開了私人的心理治療診所後，我才開始使用「四分之一人生」這個術語，在演講中才終於不會結結巴巴，不再因為過往用來描述這約二十年的各種標籤而支支吾吾。

描述四分之一人生的常用名稱，經常是關於成年期或青春期的各種修飾詞，像是：「**延長**青春期」、「成年**早期**」、「成年**前期**」，或者「成年**初顯**

期」。在心理學文獻中，對這些術語都有許多相互衝突的觀點，但是所有看法都暗示這是**介於之間**的狀態，彷彿這二十多年的人生只是其他「真正的」人生階段之間的過渡區，有點像是等待重大事件發生的休息室。更糟糕的是，一般人普遍的印象是，在你終於達到某種經濟的里程碑、獲得關係方面的安全感以後，成年期就會到來，彷彿這些成就會神奇地將你拉出痛苦的休息室，進入「真正人生」的大廳。在四分之一人生之前的所有人生階段，都有已確立的發展里程碑，以及預期的壓力與掙扎時期。然而，與目前對成年期的看法不同，那些階段並不是以成就為基礎，還不會說話的學步幼童仍然是學步幼童；同樣地，學會彈莫札特的學步幼童也不會突然變成青少年。雖然發展的基準可能已經確定，但四分之一人生之前的發展階段並不是以成功或失敗來定義。成年期也不應該如此。可是，「青春期」和「成年期」的修飾詞，到最後往往變成了貶義詞。

我們集體對這段人類發展歲月的理解還有一個問題，是普遍使用時下給予任一個十年世代的名稱。為世代貼標籤的做法與四分之一人生時期緊密相連。

如同「千禧世代」以及現今的「Z世代」，世代名稱大致適用於「二十世代」（又是另一個術語），彷彿這詞彙描述的是他們的人生階段，而不是他們這一代的人。這個現象散播了極大的困惑與誤解。目前，有許多千禧世代正處於四分之一人生階段，而有些人已經步入中年。每天都有更多的Z世代進入四分之一人生，卻也有更多人處在青春期和幼年期。世代與人生階段並不相等。

處在同齡層的人，也不是所有人都相同。世代的刻板印象都是由外人的觀點建立起來的，歷史上都是從美國白人中產階級推論出來，再投射到整個經濟能力和種族都各不相同的二、三十歲群體中。此外，這些刻板印象似乎成了高高在上與譏笑嘲弄的利器，老一輩的人就用這些成見來哀嘆年輕人的狀態，這是長期存在且令人厭煩的趨勢。「現在的年輕人和二十年前的年輕人不一樣——在歷史上的任何時間點、任何一個老年人都會這麼說，並認為這是嶄新且真實的觀點。」發展心理學家艾瑞克・艾瑞克森（Erik Erikson）在一九六八年啼笑皆非地觀察到。

在發展心理學與臨床心理學中，欠缺代表這年齡層的公認術語是一個癥結點。沒有恰當的術語，就很難判斷什麼是「正常」或「健全」，而且每個世代都要重新研究。我之所以用「四分之一人生」來描述這個階段，是因為這詞彙沒有修飾或貶義，只表示存在弧線上的一段特定時期。如同人類發展的所有階段一樣，四分之一人生的開始也沒有明確的標示。根據生活經驗，每個人會覺得自己在大約十六歲到二十歲之間脫離青春期，邁入四分之一人生，然後在三十六歲到四十歲之間，脫離四分之一人生，步入中年。簡單來說，青年是介於青春期與中年之間的成年人，而四分之一人生就是成年期的第一部分。

我們早就需要對這時期的人生發展有所了解。文化會不斷地改變，新的技術會進入我們的生活，新的危機也會困擾我們。這些事物會決定世代的經驗，但不會重新定義人類發展與健全的基礎。我們不需要每隔數十年就用新的人口統計資料及行為模式的數據，去做些白費力氣的事情。當談到「成為人類」、「為自己創造人生」這個永恆的課題時，不斷變化的世界只是背景，而不是故事本身。

Chapter 2

永恆的探索

歷史、文學作品帶來的啟發

完成所有人的期望後，
你想著「這就是全部了嗎？」

在歷史和文學中，對於青年時期的經歷有著豐富而感性的記載，不分時代、文化和人口統計資料，所有人都在努力解決同樣的問題。聖奧古斯丁（Saint Augustine）的《懺悔錄》在大約一千六百年前出版，被視為西方的第一本自傳，不過可以更精確地稱為第一本「四分之一人生的回憶錄」。在書中，聖奧古斯丁——當時名為希波的奧勒留．奧古斯丁（Aurelius Augustinus Hipponensis）——寫道：「回想起十九歲以後的漫長時光，我發現有許多令我困惑不解的事。在那個年紀，我首次認真地開始探尋真理和智慧……我意識到如今我三十歲了，仍在同樣的泥淖中艱苦掙扎。」奧勒留抗拒婚姻、抵抗過度干涉的母親施予的壓力，以及他自己對金錢、名聲、權勢的偏愛執著。他全神貫注地找尋人生的正確道路。結婚和成功的事業似乎很容易達成，但這並沒有回答他所思索的更深層問題。在這點上，奧勒留並不是那時代唯一令人費解的人物，他和兩位密友都感到迷惘，並且一起尋找答案。「我們就像三張飢餓的嘴，只能喘著氣對彼此述說自己的需求……我們試圖找出痛苦的原因，然而黑暗籠罩著我們，我們轉過身去問：『這情形還要持續多久？』」

我在大學時代，心思也被類似的事情占據。當我因為對未來充滿疑問而越來越不知所措的時候，我——和許多前人一樣——找到了《給青年詩人的信》。這本書信集收藏了大詩人雷納・馬利亞・里爾克（Rainer Maria Rilke）寫給十九歲的法蘭茲・薩佛・卡波斯（Franz Xaver Kappus）的信，給了我極大的安慰。卡波斯最初是在一九〇二年從奧地利軍校寫信給里爾克，問起自己是否應該成為詩人以及如何過活等問題。里爾克也曾就讀那所軍校，他回答說：「親愛的卡波斯先生，你不需要害怕。假使悲傷來到你面前，比你以前遇過的都要強烈；倘若焦慮有如光線和雲影，掠過你的雙手和你所做的一切之上；你也必須明瞭，某件事情正發生在你身上。生命並沒有遺忘了你，生命將你緊握在手中，絕對不會讓你掉下去。」

我在青少年晚期和往後幾年閱讀這本書信集的時候，里爾克信中的每一行字似乎都撫慰了我，也給了我一些最初的指點；同時也提示我，憂鬱和困惑並非我或我這時代所獨有。里爾克開始寫這些信的時候也才二十七歲，他是從丹麥作家嚴斯・彼得・雅各布森（Jens Peter Jacobsen）的作品中得到安慰。

雅各布森在一八八〇年撰寫的小說《尼爾斯・倫奈》中，述說了一位青年設法在世上走出自己人生道路的故事。尼爾斯的痛苦對我來說很熟悉：「他會告訴自己，他身上必定有某種毛病，在核心最深處有某種不可救藥的缺陷。因為他真的相信，一個人只要活著就**能夠**變得完整。」這句話我讀了無數次，仍然令我動容。對我而言，這句話濃縮了四分之一人生的核心——同時存在的痛苦及渴望。尼爾斯試圖實現他想要的生活，或是在這時常令他不知所措的世上管理自己的生活，卻都徒勞無功，因此感到懊喪不已。「反覆嘗試跳躍卻從未成功讓他精疲力盡，對他來說一切都是空虛、毫無價值、扭曲混亂，而且微不足道。」在我自己的四分之一人生中，我忍受了無數次「嘗試跳躍卻從未成功」，並且在我同齡人身上見過同樣的狀況。往後，我也一再地在案主身上看到。

我從小說、回憶錄與歷史記載中收集四分之一人生的故事以後，便開始到處看見同樣的不滿和迷惘。例如，我注意到四分之一人生的苦惱也深植在近代女性主義的運動中。法國哲學家西蒙・德・波娃（Simone de Beauvoir）在一九四九年描寫女性生活的巨著《第二性》中，描述了年輕女性期待成年生活的經歷。「在滿懷希望和抱負的年紀，在想要生存下去，並且在世上占有一席之地的意願更加強烈的年齡，知道自己必須順從而依賴是令人難受的狀況；女人在這個攻無不克的年紀，得知自己不被准許去征服，也得知必須否定自己，她的未來只能仰賴男人的好意協助。」由於四分之一人生時期涵蓋了大半的女性生育期，因此有關伴侶關係和生育孩子的問題——或必然性——就顯得特別突出。性別角色通常十分刻板局限。正如波娃所說，女人在四分之一人生「懷抱希望和抱負」的天性，以及「想要生存下去，並且在世上占有一席之地的意願」都與社會希望她們順從依賴的期待直接牴觸。她們的情緒及身體上的各種症狀，都是不可避免的結果。

美國女權運動者貝蒂·傅瑞丹（Betty Friedan）在她一九六三年出版的《女性迷思》一書中，進一步闡述這個概念，描繪了許多美國家庭主婦私下感到的不滿和無奈，儘管周遭的人都期望她們非常快樂滿足。不可思議的是，四十年後我身為一個大學畢業生，單身又無負擔，感受卻非常相似。我完成了這個時代和家人對我的所有期望：以大學文憑取代了結婚和懷孕。然而，儘管獲得了這樣的特權和自由，我仍然如傅瑞丹所言，心想著：**這就是全部了嗎？**「二十世紀中葉，美國婦女經歷的是一種令人局促不安的騷動，一種不滿的感覺，一種渴求……她在整理床鋪、購買食品雜貨、搭配沙發套布料、和孩子一起吃花生醬三明治、開車載送男女幼童軍、夜晚躺在丈夫身邊時……她甚至不敢默默地問自己這個問題──『這就是全部了嗎？』」她完成了那時代要求年輕女性所做的一切，擁有社會告訴她應該會想要的一切，但她忍不住想知道，活著難道不是該有更多東西嗎？

對作家理查．萊特（Richard Wright）而言，「**這就是全部了嗎？**」是對他成長的這整個國家無比痛苦的反思。萊特的回憶錄《黑孩子》主要講述一名青年在二十世紀初的美國，從貧窮與種族隔離中倖存下來，並努力鍛造、創作人生的故事。萊特在二十歲時，離開了實施種族隔離政策的南方，他前往芝加哥，在應徵普通郵局員工時卻遭到拒絕，因為他一生都受慢性營養不良所苦，體重剛好低於該職位要求的重量。他在很多方面都責怪自己：「自我懷疑的浪潮在我心中湧起、揮之不去。難道我要一直過著邊緣的生活嗎？」他同時也感到不公平，只因為「區區幾磅肉」就錯失了他完全有資格從事的工作機會。他回想起自己與「美國的物質生活方式的抗爭，這種方式根據有形的東西來衡量一切，例如：體重、膚色、種族、毛皮大衣、收音機、電冰箱、汽車、金錢。」萊特渴望得到更多。他有創作的雄心，他想成為職業作家，多年來一直在自學寫作。儘管如此，對於他是否有能力從事這個職業的懷疑滲入他周遭的一切。在家鄉，萊特不得不費力應付他的阿姨瑪姬提出的質疑，他和哥哥、母親與阿姨一同居住在狹小的空間裡。

我過量的閱讀讓瑪姬阿姨困惑不解，她察覺到我的個性極為內向，她並不喜歡……

「孩子，你在讀法律書嗎？」我阿姨會盤問。

「不是。」

「那你為什麼成天都在看書？」

「我喜歡。」

「但是你能從裡面得到什麼呢？」

「我從裡面得到了很多東西。」

我知道我說的話在我身處的環境中顯得瘋狂而愚蠢，在這裡閱讀幾乎從不存在，最有價值的是一個十分硬幣或一元，一間公寓或者一份工作。

萊特需要特別關注的是某種內在的東西。在他得不到其他人情感上或有形的幫助時，驅使他前進的是「希望與抱負」，這是一股痛苦、孤注一擲的驅策力量。

在電視電影裡，處於四分之一人生的角色**隨處可見**。浪漫喜劇中的萬人迷和冒險故事裡的英雄，一般說來都是青年。然而，這些描寫太過常見，而且通常非常戲劇化，使得這個人生階段的本質不可思議地隱形了。我們看到了這些以相對年輕的人物為基礎的虛構故事，卻很少看見對這段人生時期**多麼艱難**的直率闡釋。因此四分之一人生的角色遭到物化、盲目崇拜，幾乎失去了人性。

同時，四分之一人生也是全球的神話故事及民間故事最常描繪的人生階段，所有文化都知道並聆聽這些口述的傳統故事，不僅是為了娛樂，也是為了指引心靈。這些迴蕩在年輕人耳裡的故事明確地表達：人生有起有落，有些低谷可能會害你險些送命，但是有一些不可思議的方法可以讓你存活下來；倘若通過了危險和混亂的局面，你就會變得更好——你還是你，不過你成長且徹底改變了。比起現代的說法「逆境會讓你越挫越勇」，這些故事教導的東西更為深刻、更能鼓勵人。這些故事傳授的是人生中無形的東西，教導人們如何在孤單、痛苦、恐懼、無聊的考驗後，經過消化、整合與理解，能夠再度得到喜悅、性愛及存在的快樂。這些故事教年輕人要相信自己，並且讓他們明白，人生是一趟晦澀難懂的個人旅程，其意義就包裹在社會成就與失敗的故事中。

在廣為流傳的格林童話故事集中，像我最愛的〈三種語言〉和〈傻小子學害怕〉，就在講述年輕人因為找不到自己一生的職業，而被父親驅逐出城的故事。每個年輕人踏上的旅程都充滿了困境和混亂，與他們以前遭遇過的截然不同。到最後，每個人都發現，解決痛苦的方案與他們想像過的天差地遠。這些旅人終於了解到，他們真正追求的不是成就或英雄事蹟。在這些故事中，高漲的欲望往往會因為羞辱和傷害而受挫，這意味著有更深遠的目標在左右事情。

諸如此類的故事，就是以英雄之旅為主題的故事，這是一九四〇年代神話學家喬瑟夫．坎伯（Joseph Campbell）研究全世界的敘事作品後發現的，我很慶幸自己在二十五歲左右就開始了解這個主題。英雄之旅的故事，傳達了一個人從一種意識層次轉移到另一種意識層次的改變，主角幾乎都是年輕人。這種轉變是透過冒險、巧合、努力、魔法的結合而發生的，絕不是靠純粹的邏輯或計畫。坎伯說，所有的這類故事，其實都在描寫「個人的成熟過程」。

坎伯將英雄之旅的故事結構分成三大階段：啟程、啟蒙、回歸。他認為這和男孩進入青春期和心理生活的新階段時，世界各地所舉行的傳統成年儀式的結構相同。「今日人類發展的階段和古代並無二致，」坎伯寫道，「你還小的時候，在服從紀律的世界裡長大並依賴別人，等你逐漸成熟後，就必須超越這一切。**這樣一來，你才能不依賴他人過活，擁有自我負責的權利。**」（重點是我畫的。）

當我們用象徵意義而不是字面意思去解讀時，神話與童話經常提供許多四分之一人生發展所需的深刻見解。這些故事也隱藏在榮格心理學——這門學問賦予坎伯的著作與我的作品許多靈感——指出了有一條明確的路線圖存在，為獨自在世上闖蕩的青年提供心理定向的路標系統。不過，它需要一些重要的更新，因為過去的研究多以男性發展及男英雄的神話為基礎。我們早已不需要「女英雄之旅」來對抗「英雄之旅」，我們需要的，是能夠不分性別地去理解可行的道路——一條是向外征服，一條是向內沉思。意識的發展和生理發展一樣，有其模式也有隱藏的危險，而這一切都無關性別，這是一個自然的發展過程。縱觀歷史，我們看到兩種典型的青年，他們所有人都有一個共同的目標。

Chapter 3

兩種四分之一

追求穩定型與追求意義型

對穩定及意義的渴望，
經常令人無所適從。

就像人類會在相似的年齡開始有爬和走的衝動，我們也會在差不多同樣的時間渴望冒險、想過自己的生活。四分之一人生，是傳統上人們離開原生家庭、開始設法獨立過活的時期。無論最初是為了工作、為人父母、結婚或者求學，每個人都努力融入這個世界並展開新生活。

然而，四分之一人生的旅程不僅是尋找伴侶和事業，更是追尋自我。終極目標是找尋完整的體驗——不再感到人生表裡不一。探尋，是為了不再渴望**別的東西、更多的東西**而讓自己困擾。年輕人經常想要更多的安全感、平安以及社會的穩定，同時又想要冒險的感覺、經驗和個人的意義。我們需要堅固的結構來維持穩定，也需要賦予生活溫暖與目的的神祕感、親密關係，甚至是不確定的元素。關於這點，站在四分之一人生心理學的角度，我的看法是：對**穩定及意義**的渴望，經常令人無所適從。

成年期

二十世紀中期，隨著中年危機的觀念盛行、引人注目，大規模的震盪開始擾亂成年期的預期目標。中年人突然追求起難以確切解釋的「更多」，人數多到足以在社會各界引起共鳴。中年危機可以定義為心理轉變的時刻，在這段時期，成年人不得不適應「空巢期」，還有許多婚姻破裂及個人危機，例如父母過世，引發了有關存在與心靈方面的疑問。全體社會不再認為，中老年人可以因為存活、安全感及家庭就感到滿足。很多中產階級的中年人意識到一個事實，即他們的人生欠缺了一些東西，他們還需要別的東西。

這場中年流行病引發的地震在成年期造成了缺口，之後發展心理學將這個缺口具體化。成年期的前半段成為「追求穩定」的階段，人們著重於達到經濟與個人安全，以及繁衍後代的目標。成年期的後半段，也就是中老年後，成為「追求意義」的階段，是透過有創造力的工作、人際關係，及探索內心世界來發覺自我的時期。這是簡單地拆解成年人的目標，從直覺來看十分合理：先創造穩定再追尋意義；在思考過多有關存在、心靈或死亡的問題前，先在生活中扎根。

然而事實上，像這樣清楚劃分成年期的發展目標，是相當少見且不切實際的。這個典型只反映了某一特定族群的生命歷程，對許多覺得被物質安全感及異性戀本位目標局限住期望的人而言，這種陳述即使在全盛時期也不是事實。更確切地說，無數我們珍藏在歷史、文學、神話中的青年故事，之所以是**故事**就是因為不符合這個過度簡化的陳述。人們不會那麼輕易地找到穩定性，否則他們就會感到空虛，並且被自己找到的東西悶到窒息。儘管如此，這個成年人目標的成規——在四分之一人生先追求穩定的平穩發展，到中年再追求意義——長期以來一直主宰著我們對成年期的理解。如同其他許多長期存在的文化信念，這樣的成規需要重新思考。

到目前為止，青年透過心理症狀、危機、創作和行動主義，抗議對成年期的狹隘描述。這些描述的定義，都是根據資本主義對成就與表現的期望，以及異性戀本位的父權社會令人窒息的性別角色，還有白人至上主義所造成的經濟與社會弊病。約莫於上個世紀開始，或許是起因於各種背景的青年強烈表達不滿，嚴格的性別角色持續鬆動，勞動法改變了，高等教育變得更容易獲得，節育措施提高了第一次懷孕的平均年齡，對成年期預設的價值觀也受到進一步的審查。按順序排列的發展目標——先求穩定，再求意義——這樣的概念遭到了質疑。事實是，追求穩定和意義一直都是四分之一人生的一部分，不是只有穩定而已。

現今，雖然有許多青年覺得失去了過往分段發展與明確性別角色的護欄，但同時也感到解脫；他們慶幸比以往自由，卻又對「這個觀點」感到不知所措和困惑。解決這個問題的辦法，不是退回到過去及所謂的「傳統」家庭角色。以前的目標令人不滿，但新的目標還沒有明確定義。

歸根結柢，四分之一人生階段是要塑造一個人的獨立性及生活方式，並**分別**、**具體**地闡明穩定和意義是什麼模樣。在四分之一人生階段茁壯成長，並不需要「正常」、「優秀」或「成功」。那些陳述存留得越久，強迫人們過著不符合他們本性或價值觀的生活，心理健康統計的流行疾病就會困擾年輕人越久。我們越明白追求穩定和追求意義都是恰當且健康的傾向，成年期就越不會只關注著「贏家」和「輸家」，或「優秀」和「低劣」。

受到「追求意義」發生在中年時期的假設所影響，大多數的發展心理學都毫無保留地將四分之一人生的焦點，放在「追求穩定」的目標上，因此我們只看到一半的故事。事實上，一直以來**處於四分之一人生的青年都有兩種類型**：一種是傾向於先追求穩定，因此能相對自在地面對這樣的焦點；另一種則傾向於一開始先追求意義，這種人就會覺得自己與社會賦予這階段的人生期望格格不入。

處於四分之一人生的青年範圍廣泛，而我簡單地將這兩類人稱為「追求穩定型」與「追求意義型」。了解這兩類的青年，是理解四分之一人生心理學的第一步。一旦青年清楚自己處在追求意義型與追求穩定型之間的位置，他就會更有動力去處理四分之一人生需要的一切，不會因為混淆不清的說法、過時的期望，以及可能與他們所需完全相反的人生建議而不知所措。

追求意義型

一直以來，總有些青年不想把重點只放在獲得穩定。一九三〇年代，法國作家柯萊特・奧德利（Colette Audry）在日記中寫下她多數時候的不情願：「我想要長大，但是說真的，我從來沒有夢想過著我看到的成年人生活……所以我心中逐漸形成了一股渴望，就是絕不要像成年人那樣長大，不要與父母、女主人、家庭主婦或一家之主站在同一陣線。」西蒙・波娃深思了奧德利的危機後解釋：「她不想一直當個孩子，但成年人的世界似乎令她感到不安或無聊。」現今可能被稱為「後青春期」的時期，對奧德利而言是一種有意識的選擇，為了避免她不想要的未來，她絕不妥協。

社會心理學家肯尼斯・肯尼斯頓在一九七〇年曾針對這種逃避心態寫道：「雖然有些年輕男女的確是『青春期延後』這種心理疾病的受害者，不過還有很多人並非出於青少年的不切實際，而是因為相當準確地分析到他們生活的世界裡，隱藏著不公的重大危險。」肯尼斯頓了解六、七〇年代那一大批積極強烈抗議的青年，對於成年的矛盾心理。這些青年不想過父母過的生活，也不想支持父母所支持的世界。

孩童經常渴望獲得成年後的自由與獨立，成年期是整個孩童時期企圖達成的目標。然而當成年期看起來像一片價值荒漠，或是缺乏社會關懷的地方，青年猶豫是否要長大或許也是合理的。「倘若年輕人認為成年人的角色令人興奮和滿足，」肯尼斯頓寫道，「那麼對大多數的男女來說，即使是最挑剔的人，順應成年人的世界也不會有什麼問題。讓順從顯得危險的原因，是人們遵從的東西似乎對人毫無吸引力。」

在反戰抗議、民權運動、第二波女性主義運動盛行的年代，青年對於專注追求穩定的價值觀，產生的恐懼或不情願呈指數型成長。但這種現象本身並不新鮮。一直以來，總有人覺得社會對成年期的標準期望令人不自在或難以忍受，他們內心的自我感知與外部對成年人文化的期望不相符。他們認為這種成年人文化顯得空洞、道德敗壞，或者乏味。

歷史上，這些猶豫的青年被視為遭到社會拋棄的人：藝術家、作家、積極分子、單身漢、未婚女子、輟學者、歇斯底里症患者，或者憂鬱症患者。有的年紀輕輕就死於毒癮或精神疾病，或是被埋藏在家族史裡。有些被譽為天才，但仍然被當作例外。在許多方面，他們都被認為是「失敗者」，而且經常是令家人感到羞恥與哀傷的對象。

對於這些不遵循常規的人，每個國家和文化都有自己的名稱。但是多數時候，除了他們的總體症狀以外，發展心理學經常漏記他們的存在。就像歷史上數不清的作家、藝術家、另類治療師一樣，他們變成了某種「病人」，或者被診斷出患有各種失調症。他們也常常會變成「罪犯」，然後從社會上消失。人們根據他們的診斷、記錄或成癮程度將其分類，接著就從發展心理學消失了。這些青年身上發生的事遠超過標籤所顯示的。他們是追求意義型的人，不一定是局外人。

儘管追求意義型的人可能覺得自己在情感或邏輯上有所欠缺，以致無法在世上發揮正常作用，但在他們的內心裡，卻可能認為自己比實際的生理年齡來得年長或聰明。他們經常富有真正的才能和天賦，但苦於應付現代生活需要的日常事務。追求意義型的人，往往對金錢和線性時間有負面情感的聯想，這可能會阻礙他們參與社會事務。他們認為金錢是粗俗、危險、邪惡、骯髒的，或是人類痛苦的根源。另一方面，線性時間是「監獄」，是「社會建構」，一種讓人被資本主義束縛的方式。這些聯想在他們較少承認或表達出對充實、安全、穩定生活的渴望之間，製造了無意識的緊張。

追求意義型的人常常渴望生活更加安逸，可是內心卻在掙扎，不願成為「違背自己的人」或是「行屍走肉」。結果，很多人遭憤恨銬住了手腳，責怪世界和體制害他們無法過著充實正常的生活。他們不僅為了「正常」或「成功」的生活而掙扎，對金錢和時間的安排協調也有困難，他們還必須面對、解決心理的困境。追求意義型的人，比較容易顯現情緒上的不知所措、憂鬱，以及陷入思維抽象化，或甚至是走向精神疾病。他們可能深深覺得自己與神話般的時間或永恆性連結在一起。程度最嚴重的情況，是思覺失調症之類的臨床診斷。追求意義型的人會覺得自己好像和一切相連結，很難感受到自己的獨特和與眾不同。他們可能傾向於孤立、疏遠他人。有時候，一個人對無止境的睡眠、孤立或極度內向的渴望，可能正是為了治癒而需要的。但追求意義型的人也可能被困在那裡，有意識或無意識地拒絕進入外在世界。

歷史上追求意義型的人不曾有過典型的中年危機，因為他們之前的人生已經像是一場持續不斷的危機了。倘若追求意義型的人能夠存活到中年，他們之所以能辦到，經常是因為他們找到了在外在世界設法維生或茁壯的方法。他們找到了自己的穩定，而且可以和他們的意義結合起來。事實上，追求意義型的人需要努力讓自己找到平衡，尋求一種穩定、正常的合群，卻又不會失去人生意義感的生活方式，即便一開始這麼做的時候會感到厭惡。在下一章，我將透過兩個我治療過的追求意義型案主——葛蕾絲和丹尼的故事，更深入地探討這些問題。

追求穩定型

對照之下，總有些人似乎天生就比較善於依照他們文化規定的「成人方式」行事。那些往往看起來比較成功、健全、相對「穩健」的青年，我稱之為追求穩定型。追求意義型的樣貌，千篇一律是藝術家、哲學家或音樂家；追求穩定型則是律師、金融商業界人士，以及有意識尋求婚姻的人。這些青年可能會優先考慮優異的成績、課外活動的出色表現、長期規畫、儲蓄、保有穩定的工作、追求事業發展和組建家庭，也就是所有曾被視為成年期固有課題的安全目標。他們可能擁有強烈的宗教或政治觀點，即便他們尚未遭遇對信仰體系的諸多懷疑或內心掙扎。就算有掙扎和懷疑，他們也很擅長壓抑或隱藏。追求穩定型的人，對於自己有能力符合社會規範感到欣慰，這要麼是因為他們天生的傾向，不然就是這麼做可以讓他們覺得自己不是局外人。他們下定決心要融入社會，這樣才不會被排除在外。

追求穩定型，是其他人會以各種形式描述為「可靠」、「正常」或「穩重」的青年。用作家蓋爾．希伊（Gail Sheehy）的話來說，這些人通常會建構出一個「假我」——為了討好或及格而特製的幌子——這有益於他們贏得外在世界的贊同、獎勵及認可。希伊的暢銷書《人生變遷》（*Passages*，暫譯）講述成年人發展的階段與危機，於一九七六年出版，和肯尼斯．肯尼斯頓的作品差不多同一時間。不過，肯尼斯頓觀察、描寫的是專注朝向追求意義發展的青年，希伊探究的則是截然不同、屬於追求穩定型的經驗，她稱之為「惱人的二十來歲」，後來又稱為「第一成年期」。

追求穩定型的人，通常比追求意義型的人表現得更焦慮謹慎，在極端情況下可能會有自戀或反社會的防禦心態。他們通常依靠控制自己和他人的生活來維持正常運作。我發現，由追求意義型父母撫養長大的青年，尤其可能對童年時期的混亂與掙扎有非常負面的聯想，因此在追求自己生活的穩定性時，反倒變得過度警覺。這些青年經常嘗試用各種不同的方法來控制自己的身體和情緒。他們可能苦於飲食失調，或覺得單身的日子很難受，所以無論多麼不滿意，伴侶關係帶來的安全感，總比獨自面對未來的不確定性來得可靠。但是到某一刻，所有追求穩定型的人都會需要同樣的東西：比起只信任既定的體系或伴侶，他們更需要能夠相信**自己**。他們需要用對生活的一些控制來換取神祕感，放棄一點適應人類社會的能力，轉而向自己埋藏的欲望和需求屈服。假如他們不積極以其他的生存方式追求這種「再平衡」，那麼崩潰或評判一切幾乎難以避免——這可能會毀掉他們努力創造出的穩定。

追求穩定型的人可能有一定程度的意志力，讓他們得以在生活中前進，但是他們不一定**覺得充滿活力**，也不一定知道自己人生的目的是什麼。歷史上，追求穩定型的人大約在中年會達到崩潰邊緣，那時他們維持的假象開始破裂，他們難以繼續按社會的規定照章行事。這時他們不得不質疑這些外界期望，並試圖找尋更多自己人生的意義，這就是我們所知的中年危機的起源：追求穩定型者的危機。那些成功遵守嚴格異性戀性別角色的人，在人生後期終於發覺了內在的不平衡與限制。但是種種原因，使得追求穩定型的人越來越早開始質疑社會期望的重要性。以往追求穩定型的人要到中年才會經歷的信念喪失，現在更常在四分之一人生就發生了。

就連最「正常」的青年都提前面臨危機，這一點也不意外。過勞氾濫、痛苦難忘的經歷很普遍，世界陷入一次又一次的危機。追求穩定型的人習慣攀爬的晉升階梯、習慣遵循的規定，已經變得越來越無意義。好比別人為他們指出的食物，原來只是巧妙的包裝，一點營養也沒有，他們會因此感到飢餓、迷惘和困惑。

當追求穩定型的人開始質疑自己知道的目標，他們的世界可能會顯得更加灰暗。他們可能逐漸明白，自己極度渴望得到更多，卻又難以確切地描述，因而不知如何是好。他們開始尋找更深奧問題的答案，例如他們是什麼樣的人，以及他們人生更深層的目的是什麼。到這時候，他們可能開始看起來有點像追求意義型，因為他們的個人發展為了平衡而追求截然相反的價值。在第五章，我將透過蜜拉與康納的故事更深入地介紹追求穩定型的經驗。

對完整的渴望

有關四分之一人生發展的社會及心理學論述，如果只強調外在的成就里程碑——上大學、工作、結婚、買房、生小孩、達到財務安全——而不是**成為自己**的基本過程，那麼很多東西都會失去，人生淪為成功與失敗的起起伏伏。然而，探索自我是更加複雜奇特的追尋，這是一種強烈的本能，一種想要找到自己、了解自己、在世上彰顯自己的衝動。

真正的成年是心理上的，與獲得穩定或扮演角色無關，和生育或房貸也無關。更不是堅持自己的意識形態和意義，去蔑視存活在世上的能力。真正心理上的成年，是一種講究平衡的成熟，這種平衡是在成為群體的一分子和有意識的個體之間的動態變化。心理上的成年是在追求穩定和追求意義兩者中找到自己的方向，如同結合了秩序與混亂、文明和自然，或是人性及神性。這是一種共生關係，在這個關係中，自己的兩個部分各有扮演的角色，就像海浪之於衝浪板，火之於壁爐，或者葡萄酒之於高腳杯。

我用這些不同的隱喻和意象，幫助案主了解他們自己的身心健康，以及社會結構和個人生命力在生活中的相互作用。對追求穩定型的人來說，通常是讓他們本能地了解到，如果「功能性的生活」沒有更多的東西、沒有其他的目的感，那就什麼都不是，不管這東西多麼難以名狀。就像沒有火的壁爐是空的；沒有海浪的衝浪板，只不過是一塊不能動的玻璃纖維；沒有葡萄酒的高腳杯，無論多美都毫無用處。同時，對追求意義型的人來說，通常是讓他們意識到，在生活中發展功能性結構的必要性。沒有可靠的壁爐圍阻，火就是危險的；沒有玩耍的平臺，海洋很快就會變得很可怕；沒有可以拿在手中、送到唇邊的容器，葡萄酒就很難品嚐玩味。追求穩定型的人知道他們需要設法「放鬆」，而追求意義型的人曉得他們需要「上緊發條」。通常，各類型的人所知道的——即使心存懷疑和批判——正是另一類型的人想求得完整所需要的。

除了隱喻和個別的討論，我們很難輕易地用簡單的刻板印象就能描述這所有的特性。每個年輕人的表現都不一樣，而且視情況而定，他們會覺得自己更傾向於兩者之中的某一邊。但是一些公眾人物的例子，可以幫忙闡明這兩種完全相反的類型，而這種情況也經常在夫妻和成對手足中發現。

舉例來說，蜜雪兒·歐巴馬（Michelle Obama）稱自己在四分之一人生時期是個「按部就班的人」。從這個描述和她提到這段人生的方式來看，我認為她是個追求穩定型的人，最後也成為了律師。可是，她的丈夫巴拉克·歐巴馬（Barack Obama）同樣是名律師，卻也是個熱心的社區組織者和迅速崛起的作家，他思考自己的教養歷程，以及該如何做才能改變世界。我認為巴拉克·歐巴馬是個在四分之一人生時期找到穩定性的追求意義型。雖然蜜雪兒和巴拉克走上相同的職業生涯道路，但他們對待生活及工作的方式卻不同。「異性相吸」這了無新意的詞語，在四分之一人生的感情關係中十分常見。儘管並非有意，但青年經常憑本能尋找性格互補的伴侶，以幫忙平衡自己的心理。正如歐巴馬夫婦在他們四分之一人生之後的生活中展示的，這兩種類型的終極目標都是向對方學習，並拓展自己的舒適區，朝向融合穩定與意義的發展。

英國王室也透過好幾代的成對手足提供了絕佳的例子，說明這種情況也顯現在兄弟姊妹的關係中。倘若你看了影集《王冠》（或者你對英國王室歷史的了解已經超越我），你可能看得出每對手足都分成追求意義型與追求穩定型，毫無疑問地，一部分是因為社會地位和必要性，另一部分則是來自天生的特質。成對的手足經常意見相左，或是令對方感到不解，他們可能會朝不同的方向成長，各自代表追求穩定－追求意義的光譜兩端，如同在他們家族中顯現的那樣。愛德華八世為愛放棄王位，是個追求意義型的人；被迫接任的弟弟喬治六世，則是個追求穩定型的人。伊莉莎白二世受責任驅使，成為追求穩定型的人；她的妹妹瑪格麗特公主則拚命找尋自己的人生歸屬，是追求意義型的人。威廉王子屬於追求穩定型，他很早就結婚，也沒有引起太多公開的騷動。無論幕後如何，他表面上看起來非常和藹可親，總是傳達出一種「沉著穩重」的感覺。他的弟弟哈利王子則屬於追求意義型，在四分之一人生時期，他苦苦掙扎著尋找自己的角色，並努力克服童年的痛苦。他在追尋有意義的人生時，無法完全維持王室的假象。

在這種成對手足中，控制與混亂之間存在著自然的平衡。他們各自都曉得一些另一個人需要學習的人生道理。追求意義型的手足，他們的掙扎可能會給家人帶來恐懼、擔憂和痛苦；他們渴望得到的幸福與歸屬感，追求穩定型的手足卻好像毫不費力就能在體系中找到。另一方面，追求穩定型的手足可能會討厭追求意義型的手足所引發的混亂，與隨之而來的關注及干擾，卻也希望得到一點他們自由的精神和自我表達的能力。倘若每個兄弟姊妹都能透過向對方學習如何展現自己欠缺的東西，並找到內心的平衡感，這影響可能會非常顯著。心理成長對外在世界有深遠的影響，勇於成為自己就是文化演進的驅動力。所有的演進和革命都是從個人開始的。當青年在追求意義和追求穩定之間找到平衡點時，他們的家庭、社區以及整個社會，也會變得更為平衡。

在虛構故事中，「追求完整」經常以象徵手法呈現，可能表現成單一的存在、英雄或神的身上同時存在著對立的特質。例如小說《哈利波特》的主角哈利．波特*，是一名混血巫師；耶穌基督，既是完全的人也是完全的神；佛陀，活在有時限的存在中，卻完全知悉無限的存在。或是顯現在童話故事結尾的異性婚姻，男性與女性的結合，就像灰姑娘找到了她的王子。這種對立事物的相遇，讓太陽和月亮、現代和神話、人類和神、理性和非理性、字面和象徵、穩定和意義結合在一起。這個核心概念有數不清的展現方式，但真理都是一樣的：只有一半的人生是不平衡、不完整的。到了某一時刻，想要**更多**的衝動，無論多麼難以名狀，都會向你招手。

＊英國作家J．K．羅琳（J. K. Rowling）同名小說系列中的主角。

Part

2

逐步創建個人的生命之路

遵循成長四大支柱，在四分之一人生中找到諒解、幸福與完整。

Chapter 4

追求意義型

設法將雙腳踏入生活

想擁有成年人的尊重和自由，
但不想失去自己的靈魂。

成年像是靈魂死去的地方——葛蕾絲

「我喜歡妳的植物，」葛蕾絲第一次走進我的辦公室時說。她發現了擺在我時鐘旁的那盆植物，還有掛在牆上的那一小株植物。她張大眼睛、面帶微笑地向我打招呼。

「我一直很期待這次見面。」我們面對面坐下時，她的臉上容光煥發。

「聽妳這麼說我很高興，」我微微一笑。「為什麼呢？」

「我剛好有一些朋友從心理治療中得到助益，所以我覺得我也應該開始。或許早就該來了。」她轉了轉眼睛，嘆口氣，彷彿是在自嘲。

葛蕾絲有鮮明而精緻的個人風格：亮粉紅色的口紅，一頭漂白、參差不齊的小精靈短髮，髮根明顯地露出天生的棕色。她看起來泰然自若、細心，同時有點邋遢。

我告訴葛蕾絲，我很高興她來到這裡。在處理了一些安排協調及書面的工作後，我問她想從哪裡開始。

「嗯，我二十三歲了，還沒上大學，」她幾乎帶著歉意開口說。「我在中西部幾乎撐不過高中三年，最後輟學拿到高中同等學歷的文憑。目前在波特蘭待了四年左右。」她繼續說。她告訴我，她在線上認識並愛上了一個女孩，為了她開車越過七個州的州界線。

「從那之後我們就一直在一起，」葛蕾絲說著，並露出我不太懂的表情。

「那算滿久了，」我想了一下說。

「不過，我覺得自己對她來說是很大的負擔。」說到這，葛蕾絲柔和的神態崩潰了，她的肩膀往前垂落，眼眶盈滿淚水。「我們給彼此很大的壓力，非常難受。」她開始哭泣然後道歉。

人們壓抑了太多情緒，等他們終於來接受心理治療時，這些情緒經常很快就浮現。

「不用道歉，」我表示。「我們時間很多，想哭就哭吧。擤擤鼻子，什麼都可以。在這個房間，顧慮我或擔心自己太過分都不是妳的職責，好嗎？」

「謝謝妳這麼說，」葛蕾絲含淚笑著說。「我想，聽妳這麼說的確很有幫助。我確實太過顧慮別人了。」她深吸一口氣，抓了一張面紙往後坐。「我不知道我的未來會是什麼樣子，」她又開口說，「我想史黛西和我之間有很多問題。史黛西是我女朋友。」

我點了點頭。

「我沒上班的時候，時間都花在想事情上，感覺很糟糕。其實坦白說，我工作的時候也多半在做同樣的事。」

「妳在哪裡工作？」我問。

「我在一家愚蠢的餐廳當服務生。我的意思是，我想這工作還可以，但是感覺很尷尬。我在那裡做好幾年了。史黛西是開發人員，程式設計師。她在科技產業。她薪水很高，而且熱愛自己的工作。」葛蕾絲扮個鬼臉，翻了一下白眼，發出一聲「呵」。

「『呵』是什麼意思？」

「就是，她有一份很棒的工作。自從我們開始約會以來，她發生了很多事，我卻沒什麼改變……」葛蕾絲抬起頭來，彷彿是要確定我是否感到無所謂，然後又哭了起來，接著又再道歉一次。然後她為道歉向我說抱歉，哼著鼻子笑了出來。

葛蕾絲和史黛西的關係，聽起來像是追求意義型和追求穩定型的典型組合，伴侶雙方都無意識地試圖透過對方找到某種平衡，並且學習對方知道的東西。史黛西了解體系和外在世界，並為葛蕾絲示範這一切，而葛蕾絲展現的情感活力和富有創造力的傾向，我認為是史黛西欣賞、甚至有時會感到嫉妒的。但這種在四分之一人生關係中無意識的交換，往往會在每個人逐漸成長或試圖成長時，開始磨耗伴侶關係。

我跟案主初次見面時，通常不會做正式的「心理初診」。我重視建立關係勝過收集資訊，但我想向葛蕾絲確認幾件事，以確保她安然無恙。為了了解她的心理健康，我詢問她的飲食和睡眠狀況，以及是否使用藥物。

她發出哼哼聲地思索，似乎在斟酌要吐露什麼。「我抽很多大麻菸捲，大麻和菸草，不過其他的並不多。」

「很多是多少？」

「嗯，我通常在下午三點左右上班之前抽，還有晚上回來時也會。這可以幫助我入睡。」

「妳很難睡著嗎？」

「對，我向來睡得不好。」

「一直都這樣嗎？」

「對，不算好。我媽說我一向都睡得不好。」

「知道原因嗎？」

「噩夢……」葛蕾絲又皺起臉來，「我經常做噩夢，從小就這樣。」

如果她從小就做噩夢，那我可以想像她對童年是什麼感受。她似乎靠吸食大麻幫助她安心入睡，我記下這點以備將來參考。

我仔細查看葛蕾絲右手臂上的刺青，發現全是植物花卉。左前臂內側的圖案，則是看起來像聖經經文的哥德字母。

「那上面寫什麼？」我指向她的手臂問。

「哦，這是一首經文，幫助我度過在密蘇里教堂感覺像個怪咖、歹客*的日子。」她低頭看著自己的手臂，用右手指著那些字：「**如今常存的有信，有望，有愛這三樣，其中最大的是愛。**」她抬起頭來對我微微一笑，臉頰上泛著淚水。

「這首經文很美，」我告訴她。

「這讓我覺得無論如何上帝都愛我。基本上我在教堂裡就是一直盯著這句話，盯上好幾小時！」她嘎嘎大笑起來，笑得幾乎和她剛才哭泣時一樣厲害。

我很快就明白，葛蕾絲可以自在地表達變化多端的情緒。她可以在短短一分鐘內從哭到笑，而且會嚴肅平靜地反思她的感受。

「妳是在十幾歲的時候紋身的嗎？」我問。

「是啊，我在十六歲的時候紋的。我媽向來不喜歡刺青，但是她很難真的對我發脾氣，因為妳知道的，那是聖經的經文。我想，她在生氣之下還隱含著驕傲，因為她女兒的叛逆是在手臂上紋了**聖經經文**。好像不管怎樣，她對我的

＊Dyke，通常指較男性化的女同性戀者，是有冒犯意味的貶義詞。

養育方式還是對的。」

身為保守社區裡的同性戀，又成長在一個似乎徘徊於貧窮邊緣的家庭，葛蕾絲的童年生活並不容易。後來她父母離婚了。

「我爸媽經常吵架，」她對我述說，「吵個不停。我上中學時，我爸離開了我媽和我，搬走了。然後……」葛蕾絲看著我，確保她沒有讓我窮於應付。

「我很好，」我微笑著說，「我跟得上。」

「好，所以後來我媽帶著我搬到密蘇里，這樣可以離家人近一點。就在那時候，情況變得**非常糟糕**。我不得不開始到新的學校就讀。」

我皺了一下眉頭，擔心這個轉變可能代表的意思。

「沒錯，從那之後我在學校總是悲慘、羞怯、焦慮，」葛蕾絲解釋說，「我想這就是我現在這麼喜歡交際的原因，感覺好像是在彌補失去的時間！」她燦爛地笑著說。

儘管和家中許多成員有長期且令人痛苦的互動，葛蕾絲對他們似乎不表示責怪或是生氣。事實上，我納悶在她能夠接觸到的所有情緒中，「憤怒」跑去哪裡了？她是否需要找回一些怒氣？

和葛蕾絲最初幾次的會面中，可以很明顯地看出她是個極為外向的人。她時常提到她那一大群人數不斷擴增的朋友，她喜歡和他們一起歡笑、彈奏音樂，他們互相依靠尋求情感上的支持。她在波特蘭的生活是建立在體驗大量的愛和遊樂上，這些是她在成長過程中不曾感受到的，她非常成功地找到了自己歸屬的群體。通常在她這種環境下長大的其他女性，很可能會變成追求穩定型的人，選擇埋頭在苛刻的工作和責任中。儘管葛蕾絲在成長過程中也為家裡提供了一些穩定，包括她十五歲就找到工作幫母親賺錢這件事，但她終究覺得自己天生不適合將責任和壓力當成生活基礎。

一般而言，追求意義型的人重視自己的內心世界勝過外在世界的期望。假如他們重視外在世界，很可能是更加理解他人遭受的痛苦和不公，而不是去調適自己的個人安全。由於他們直覺地認為自己與狂放不羈的生活更有共鳴，因此往往覺得文化和社會的期望與自己無關或者感到厭惡。

追求意義型的人經常在金錢和日程安排方面遭遇困難，這些東西給他們的印象可能是「虛假」或「不自然」。有些人甚至喜歡在夜間活動，因為夜裡比較沒有外界期待、沒有闖蕩世界的壓力，感覺比較自在。葛蕾絲正是如此，她經常熬夜到清晨，有時幾乎快到史黛西起床上班的時間。這對葛蕾絲來說是自由的泉源，但也讓她一直感到羞愧，因為她不像史黛西那樣「成熟」或「正常」。葛蕾絲最高興的是其他人沒注意到她的壞習慣。

追求意義型的人，也經常覺得自己和非線性時間（希臘人稱之為「凱洛斯」〔Kairos〕）及永恆的體驗更有關係。舉例來說，我一直很驚訝葛蕾絲總是準時赴約，直到我發現她為了避免遲到，提前了將近三十分鐘就來到候診室。時間和及時性是造成她生活壓力的一大原因，但因為她很重視心理治療，所以特別努力不要遲到。我們治療的一致性和結構，讓她更容易信任我、感到安心。我們有可靠的門診預約，以及在可信賴的場所會面，並且在候診室裡有令人放心的茶，一週又一週地為葛蕾絲提供可以依賴的穩定容器。這是安排好的日程，卻富有儀式感。始終如一的療程提供了充裕的空間，讓她追求意義的那一面得以伸展。整個結構不會令她窒息，反而讓她能夠投入，這是我們會一起合作的動機與原因。

葛蕾絲非常需要這些結構。沒有這些結構，她很容易為群體和工作透支自己，直到她覺得自己的人格好像只是一灘水，在世界上向四面八方擴散。葛蕾絲具有察覺旁人感受的能力，她的同理心似乎延伸到周圍幾英里遠的地方。「我非常、非常、非常、非常、非常愛我的朋友。」在治療初期，葛蕾絲曾這樣告訴我。她經常說這種話，一想到某個人，以及和他們相處的痛苦與美好，她的心就激動起來，但很快地她就會不知所措。在過度外向之後，葛蕾絲會矯枉過正，變成不健全的極端內向。像在連續關心別人幾星期後，她會停止過度刺激而具體地消失，一連好幾天或幾週都不接電話，除了史黛西以外，沒人聯絡得到她。葛蕾絲會在兩種極端之間擺盪，因為她還不明白自己需要什麼，也不了解自我照顧的重要性。

葛蕾絲需要的容器，正是史黛西擅長的，包含意義的結構，好比盛酒的高腳杯。除非建立起更強固的邊界，否則葛蕾絲無法代謝掉她試圖容納的一切。

像葛蕾絲這類追求意義型的人，必須花費不同程度的精力，設法建造起他們在四分之一人生階段為了存活所需的牆壁。結構很難發展，或者會遭到抗拒，因為它似乎「無趣到令人沮喪」。葛蕾絲需要能夠讓她自己更加穩定的價值主張，這對她有幫助，會讓她覺得更能依靠自己，而不需要太過依賴她的伴侶關係。她需要心理治療中有關個人發展的目標，專注於讓自己更完美，而不是那些要她「實際一點」或「成熟一點」的貶抑文化敘述。

「我從來都不想長大成人，」葛蕾絲解釋說，「成年看起來好像總是痛苦、無聊、帳單、壓力、卑劣，好像是靈魂死去的地方。」葛蕾絲邊說邊嘎嘎地笑，笑到彎下腰來，「對吧？」

我露出笑容和她一起哈哈大笑。「我明白妳說的。妳不想過著小時候看到周圍大人所過的那種生活吧。」

「噢，天啊，不要，我不想要那樣的生活。」

葛蕾絲想擁有成年人能得到的尊重和自由，但是她想保有自己的靈魂。度過壓力重重和疏離的童年後，她想努力過上符合自己價值觀的生活。我從不認為這樣的欲望是「為所欲為」或「不切實際」，我很高興她仍然擁有夢想。

支持葛蕾絲把更多的穩定及安全納入生活中，將是她建立起能持續發展的成年期的關鍵。我們會透過許多不同的方法來達到目的，包括請她承認經歷了多少創傷才倖存下來的「創傷知情療法」＊。這項工作十分艱辛，不是只請她「成熟一點」、「振作起來」。葛蕾絲需要高腳杯，但不是以酒為代價。

我們到底在這世上做什麼——丹尼

「可以的話，我想我會一直睡下去。」丹尼把頭靠在椅背上，眼睛閉著。

「你今天吃了嗎？」我問。現在是下午一點，我懷疑他沒吃東西。

「嗯。」他停頓下來思考。「我醒來時喝了一點優酪乳吧？不過那是早上八點左右，之後我又回去睡了。」

＊Trauma-informed Therapy，指的是治療者能夠理解、辨認案主的創傷，並利用創傷知識做回應，同時藉由改變環境與制度以防止再度受創。

丹尼的牛仔短褲在大腿處破了洞，好像被什麼東西鉤到似的，一片布料大大地敞開。他的白襯衫皺巴巴的，簡直像是一小時前才剛在地板上弄皺的。丹尼經常衣衫不整，但他的外表同時暗示了一種波希米亞的生活方式，彷彿他住在摩洛哥海岸邊的藝術家聚落似的，他淺棕色的皮膚是因為整天躺在地中海岸邊、咬著鉛筆苦思詩句而曬黑的。丹尼時常迷失在腦海中，不斷地思索。他如哲學家般地思考、把事情理想化，花很多的時間獨處。我們已經合作好幾個月了。在第一次見面時，丹尼向我傾訴了許多事情，包括他患有躁鬱症，因為種種原因導致他一直很難和人約會；他有些令人困惑的身體症狀，還有他很疲倦，真正的疲累。丹尼試著向我解釋，他那一長串的疲憊和消化問題，以及尋找解決辦法的歷程。

「他們認為，可能是我住的老公寓裡盛行黴菌造成的，」他告訴我。「不過也可能是一種沒人可以確定的過敏，或者是自體免疫疾病。」就連談論這些事，他都看起來疲憊不堪。

有些人鼓勵丹尼去研究慢性疲勞症候群，但他也知道很多人並不認為真的有慢性疲勞這回事。

「有個醫師覺得，這一切很可能是我在旅行時染上的寄生蟲造成的。」

不過丹尼也知道，這些症狀是在生活發生重大變化後不久才出現的，因此他懷疑可能和情緒問題有關。

「有些醫師認為這都是我自己胡思亂想，有時我也同意，可是有時我真的好累，胃痛得很厲害，我無法想像他們說的怎麼可能是真的。我沒辦法叫大腦命令我的肌肉讓我起床。」

這一大堆症狀也可能和他的交感神經及副交感神經系統的運作有關，也許他的身體在一次外傷事件或長期的成長壓力後，調節了消化和休息的功能。我在療程中始終牢記這一點。

似乎可以確定的是，無論如何，這些症狀都和丹尼對自己身體的整體感覺息息相關。

「我討厭自己的身體。」我們剛開始治療的時候，有一天丹尼這樣告訴我。「又噁心又沒用。」

聽到他那麼尖銳的說法，我沒有試圖掩飾自己的退縮。他看見我的反應後，防衛地聳了聳肩，同時更深入地陷進椅子裡。

「我的身體就是很醜，而且沒有男子氣概。」

儘管丹尼質疑性別二元論以及強加在男性身上的不健全期望，他還是經常因為自己不如他想要的那麼有男子氣概而感到頹喪。

「老實說，我分辨不出我想要的東西裡有什麼是健康的。比方說，哪些是為了持續成長所需的，而哪些只是強加的性別期望。這真的快把我搞瘋了。」

對丹尼來說，沒有什麼是既定且明確的。在我們討論自我認同的話題時，通常會插入性別認同及種族認同的問題。種族是另一個讓丹尼覺得被困在不確定地帶的領域。丹尼膚色淺卻有非洲拉丁裔血統，當各種膚色的人問他「**你是什麼人？**」的時候，他時常咒罵人們想迅速進行種族分類的欲望。

可是丹尼厭惡自己的身體時，極少是因為種族，也不見得都出於衡量自己的男子氣概。這通常跟他感受到的疲倦程度有關，不過也和擁有身體的一般經驗有關係。丹尼討厭自己的身體，是因為身體要求他餵食、清洗，而丹尼還有其他「更重要」的哲學藝術方面的事情想做。丹尼想當作家，我知道他床邊有兩疊書，他想在年底前看完。而他身體所需要的一切，就像是煩人的干擾。

「我只希望它能照我想的去做，然後別來煩我。」有一天丹尼如此宣告。

我向他靠近。

「你有注意到，你對待自己的身體就好像對待僕人一樣嗎？好像『你是』」——我在空中比了一對引號——「老闆，它應該在你說的時候照你的指示去做，不許問問題？」

丹尼對我揚起眉毛、皺起鼻子，一臉疑惑的樣子。

「可是，**難道不是**嗎？我是說，僕人？」

「我的意思不是要你去了解形而上學，不過我認為你需要問問自己，你的起點和終點在哪裡。你的身體和『你』是分開的、是你的『僕人』嗎？還是說它是你的另一面，可憐兮兮地被你用牽繩拖著走，你還大聲吼它、罵它？」

「該死的。嗯，聽妳這麼一說……」丹尼回視著我，「讓我想到了貝拉娜」——他心愛的貓——「想到她如果受到那樣的對待我就難過。」

他停下來望著窗外，我靜靜地等著他思考。然後他轉回來再度看著我。

「可是，每個人對自己的身體不是多少都有這種想法嗎？」

「我想有很多人這麼想，」我承認。「這是『思想比身體重要』這整個概念的一部分。但我可以告訴你，無論這想法多普遍，對誰都不好。」

很多青年對自己的身體以及他們和身體的關係非常存疑。像丹尼這樣的人，難以完全認同自己的生理性別與強加在他們身上的性別期望，他們身上這種想法可能更為明顯。只是有時候，可能是先憎惡身體才聯想到那些詞彙和觀念。無論問題是出於性別、對種族認同感到困惑、對性和親密關係感到恐懼不安，還是因為患有慢性病或殘疾、有創傷歷史，或有食物和飲食方面的問題，或者覺得自己受「困」在身體裡，四分之一人生經常都要跟生存和肉身妥協。

四分之一人生，該是人們有意識地與身體建立親愛關係的自然週期，會對身體的「缺陷」及其「未能」執行或保護表達寬恕。通常這代表不認同父權社會與白人至上主義的價值觀——這些是有毒的觀念，卻一點一滴地教導大多數青年，他們的身體在大小、形狀、膚色、能力或部位上有些問題。這些指涉出來的缺陷，都可能會造成無數的心理問題，而這一切都歸因於歷史上一小部分的人，創造出這種有毒的價值體系，並且屹立不搖。

我並不期待能快速治好丹尼，也不想鼓勵這樣的治療。面對自己以及內化進去的那些文化與家庭期待，這是一段漫長的過程。丹尼除了懷疑自己的男子氣概、努力對付身體症狀、探究在美國的種族認同，他還有很多事情要解決。但是我也認為，如同哈姆雷特*在四分之一人生時，思考「要生存，還是死亡」這個後來相當著名的問題，丹尼在面對是否要活下去的核心矛盾心理時，也有相當重要的選擇要做。

和許多追求意義型的人一樣，丹尼在這個特定時刻，對抗著自己被化為肉身、成為有血有肉之人的本質體驗。他必須面對這道難題，這是他要獲得更高的穩定性最重要的第一步。丹尼需要**選擇**活下去。

「你覺得自己想待在這世上嗎？」頭一個月的治療中，我都這樣問丹尼。

---

*Hamlet，英國戲劇家威廉．莎士比亞（William Shakespeare）同名劇作的主角。

他沉默、模稜兩可地聳了一下肩。不盡然是肯定，但也不是否定。

「我不是說你有『自殺傾向』，」我再逼問，「我不認為你有自殺傾向。但你覺得你想要這樣**活著**嗎？」

他壓抑笑聲搖搖頭。

「好比說有人給我選擇的話嗎？」

「當然，如果有人給你選擇的話。」

「對，**不要**！」他狂笑起來，差點嗆到。「幹嘛自尋煩惱！」

丹尼開始和我探討這些問題時，一直表示認可地笑著。他瞪大眼睛，咬著黑色長袖運動衫的袖子，不時咯咯發笑，在椅子上調整姿勢。

我認為追求意義型的人在走向穩定的旅程中，都有「化成肉身」的需要。丹尼必須有意識地做出**選擇**來參與存在，而不是繼續覺得被時間和年紀拖著走，宛如一頭不情願被牽著的牛。這非常微妙，但他的成長有很大一部分仰賴於一個只有他才能打開的隱形開關：他需要**決定**用這具身體活下去。他想追求完整，就需要一勞永逸地用雙腳跨入生活中。

「我的意思是，我們說實話吧……」丹尼又開口說，「我們都在這裡做些什麼？我們糟透了！這星期發生了多少起警察槍擊事件？我來這裡的路上遇到了多少無家可歸的人？因為氣候變遷我們殺害了多少物種？老實說，我們每個人到底在這裡做什麼！」

此刻的丹尼整個身子往前傾，我從未見過他如此生氣勃勃。這是奇怪但熟悉的強烈對比：當丹尼列舉出那些我們所有人被迫面對、最令人沮喪的事情時，他反而放鬆下來且充滿活力。彷彿我刺穿了靜脈，終於找到他的血。他的情緒激昂，光是傾吐腦中這些煩惱就讓他如釋重負。

「哦，我明白你說的。我也為同樣的問題掙扎了很多年，到現在還是設法在這世上維持平衡、抱著希望！」我表示。「但我老早就知道，我決定不再遊走於中間地帶。如果我打算活著，就沒必要活得不乾不脆。我要徹底地待在這裡，活在**這一分**、**這一秒**。」

丹尼一言不發地看著我，若有所思。我以前不曾看過他的臉頰這麼紅。

「妳想過這件事？」

「當然，時常在想。」我大笑。

「喔。」他在椅子上把身體坐直一些，深吸口氣。

「聽著，我認為在四分之一人生時期很常有人不願意活著，」我繼續說，「關於存在、痛苦以及我們為什麼在這裡的困惑，這是個古老的難題，是佛教的根基，好嗎？」

我轉身從書架上拿起喬瑟夫・坎伯的《千面英雄》。我讀一小段給丹尼聽：「當人意識到生命中不可避免的內疚時，可能會感到厭惡至極，因此像哈姆雷特或阿朱那*這樣的人，很可能會拒絕繼續活下去。」

「啊，沒錯，」丹尼開口說，「我現在正在讀佩瑪・丘卓（Pema Chödrön）的書。」他俯身從茶色帆布包中，拿出一本破舊的、從圖書館借來的書，是美國藏傳佛教金剛乘的尼師所寫的。

「這本怎麼樣？」

「超讚的。」他一面點頭一面把書放回去。「超級有意思。我最近看了很多她的書。」

對於追求意義型的人而言，我要求他們竭力投入成長和治癒，往往是從要求他們參與生活本身開始。對生存的認同，是他們朝向穩定邁進的基礎。鼓勵將雙腳踏入生活並不表示「人生充滿了痛苦，想開一點」，而是指：「模稜兩可地活著無法保護你遠離痛苦。存在總是有痛苦，活在這時代充滿了苦惱和不確定性，但是也有喜悅和美好。」我提議的目標是，去**參與**這個你在出生時踏入的世界、時代與生活。倘若你不**選擇**生存、經歷人生的種種掙扎，別人很難開啟你內心通往成長的開關。

決定化為肉身、以肉體過生活，或許正是驅動許多追求意義型的人帶著他們欠缺的意志力和熱情前進的力量。透過選擇活下去，追求意義型的人必須接受自己存在於歷史上的這個**特定**時刻，以及這個**特定**的身體與家庭等等。委身於這樣的特定性與**這種**生活，往往是最困難的。因為他們經常好高騖遠，覺得

＊ Arjuna，古印度史詩《薄伽梵歌》中的核心人物。

自己很偉大，想要成為無限宇宙的一部分，或者幻想自己可能出生在歷史上的其他時代。因此，決定在此時此地化為肉身，可能會令他們感到局限、窒息，並且充滿了必然發生的痛苦。

「所以這是我的提議，」我正視丹尼的眼睛開口說，「我在治療中要請你努力**下定決心**活下去，雖然這聽起來可能很怪。」

「噢！」丹尼假裝害怕地睜大眼睛。他在開玩笑，不過他明白我的意思。

「我知道你很累，而且多數時候都覺得生活很單調乏味。但是我認為，除了我們會做的其他功課，以及你正在探究的哲學和神學以外，重要的是你要練習坦率地接受你是哺乳動物，就和貝拉娜一樣。」

「貝拉娜！」丹尼笑了，彷彿在這一刻完全想起了他的貓。然後他搔了一下頭，又靠回椅子上。「好吧，」他說，「我明白妳說的了。我真的懂了。」

Chapter 5

追求穩定型

需要學會放手的藝術

生活如魚得水，
卻總覺得缺少了什麼。

這世界是個水族館，而我是遊客——蜜拉

「我覺得我會是妳聽過的其中一個故事，」蜜拉在我們第一次見面時開口告訴我。「那就像一個人發生了嚴重的車禍後倖存下來，才恍然大悟自己該用不同的方式過生活。」

「怎麼說呢？」我問。

「我想，我需要在發生非常糟糕的事情之前，調整一下我的生活。」蜜拉咬著臉頰望向窗外，片刻後才轉回來看我。「我需要把事情想清楚。但老實說，這一切真的讓我非常困惑。」

蜜拉三十一歲，是一家聲譽良好的律師事務所的律師。她的衣著經常是由灰黑色組成。她穿毛衣連身裙搭配緊身褲襪，有時穿深色牛仔褲和好看的靴子。她精心打扮，但穿得很樸素，彷彿總想要輕易地消失在人群中。蜜拉舉止低調、彬彬有禮，但是和她坐在一起，我深深感覺到她很壓抑、過度地「克制」。每次我努力和她緊繃節制的身體處在一塊時，就常常覺得自己的呼吸緊

縮起來。

「我有一種感覺，」在幾次療程下來，她對我感到比較自在後告訴我，「我覺得自己快要發瘋了。」話一說出口，她就漲紅著臉大笑。「噢，我的天啊，這**聽起來**好瘋狂！」

「聽起來並不瘋狂，」我回答說，「再跟我多說一點。」

「我只知道我有點兒說謊，」她告訴我，「但這真的很難解釋。」

蜜拉剛結婚，和丈夫在一起很幸福。去年秋天，他們在市政廳舉行了小型儀式，然後到印度展開持續數天、規模大很多的印度教婚禮，兩邊的活動她都很喜歡。她笑著描述丈夫湯姆在長達數小時的印度婚禮中，一個字都聽不懂，完全在狀況外的模樣。接著又轉回到讓我們談起這些開心場景的話題，她的眼中湧起淚水，用面紙輕拭眼睛：她覺得丈夫不太了解她。

「我知道他愛我，對我也很好，但我對他隱瞞了很多事，」她繼續說。

「我不是藏了什麼祕密。我沒有做任何他不知情的壞事，」她迅速補充道，「但我知道我對他、對每個人都隱瞞了很大一部分的自我。」

蜜拉覺得和自己脫節了，彷彿她過的不全是自己的生活。但是她來接受治療並不是想談這件事，她開始接受治療是因為她本能地知道，她必須停止隱瞞自己、隱瞞別人。

「我甚至不知道該對湯姆說什麼。」蜜拉停頓了一下，一想到與丈夫的對話就顯得灰心喪氣。「就算我用完美的措詞說出我的感受，也不確定他是否能夠完全理解。那實在太……」她越說越小聲，「太抽象了。」

追求穩定型的人經常覺得自己好像在隱瞞，但我們的語言並不包含傳達這種經驗需要的詞彙或概念。像蜜拉這樣追求穩定型的人，通常表現得很好——只要真正的情緒危機尚未產生影響的話。他們的生活就算不是令人羨慕，往往也相當正常。他們按部就班完成所有事，而且他們多數人也喜歡這麼做。蜜拉喜歡工作上的許多事情，也喜歡她的同事。她的薪水豐厚，她與丈夫相親相愛、生活穩定。可是和許多追求穩定型的人一樣，蜜拉感覺缺少了什麼。她過得不錯，甚至可以說是很好，但是也有一些地方非常「不對勁」。

通常，這些虛無縹緲的感覺，透過隱喻會更容易表達。我請蜜拉試著找個隱喻，來幫助她描述自己的內心生活。她告訴我，她經常覺得自己彷彿是隔著窗戶與其他人交流，或者好像這世界是個水族館，而她是遊客。「那種感覺像是，我在這世上，卻沒有人知道。彷彿我把鼻子貼在玻璃上看著每個人一樣。」

這些描述越來越具有獨特性和洞察力，提供我們一個入口，共同探索她經歷的事情。

「妳覺得好像別人都看不見妳？」我問。

「我的意思正是如此。」她沉思地停了下來。「我知道別人看得見我，很顯然地，」她對自己翻了一下白眼，「可是我認為他們並沒有**看著**我。我想，他們不知道我其實經常不在那裡。」

我請她畫出這種感受，她雖然有些不情願，最後還是輕而易舉地就畫出一幅素描。畫面中有個人影站在一堵高牆後，有幾個人則在牆的另一邊。接著她詳細說明：這堵牆是冰砌成的，而她被凍在牆的一邊。她人在那裡，但是並沒有完全融入她身處的世界；她可以用眼睛看到一切，卻絲毫**感覺**不到。

「妳一直都有這種感覺嗎？」

蜜拉點點頭。「我想是吧。」接著她停頓了一下，抬起頭來搜尋記憶。

「嗯，事實上我有幾次沒這種感覺。」

「妳能告訴我那幾次的情況嗎？那是什麼感覺？」

「感覺好像在開懷大笑，」她幾乎立刻就回答了，眼睛閃閃發亮，「或者跳舞，不去想誰可能正在看，也不去想他們可能在想什麼。」看到她突然流露出欣喜，我們倆都笑了。她的姿態明顯軟化了。

「妳能否告訴我，妳有那種感覺時在做的事？我想知道更多妳覺得無拘無束的時候，妳是過著什麼樣的生活。妳那時候在做什麼？」

「大學畢業後，我到印度旅行，有幾個月也安排了探親行程。一開始和一些親友在印度南部旅遊，但是後來……」她又停頓了一下，這一刻她的眼神傳達的是活力而不是不情願，「我留下來了。我找到了一家我想待久一點的旅社，最後在果阿邦的海岸衝浪了好幾個星期。」蜜拉深深地嘆口氣。她搖了搖頭，彷彿對這段回憶感到驚嘆。「我幾乎是早上醒來就去衝浪。我會從櫃檯拿些茶，然後跟那星期住在旅社的其他人一起去海灘。衝完浪，我會看一整天的書。那實在是棒極了。」

看見蜜拉開朗起來，幫助我了解在嚴格控制的行為底下，真實的她。她顯然非常喜歡生命中的那段時光，看著她回憶起當時的模樣，我感到陣陣的欣慰。那些回憶對於她心中虛無縹緲的**東西**，也就是她正在尋找的內在協調感，提供了極好的觀察。

一般而言，比起內在世界，追求穩定型的人更了解外在世界。他們通常重視他們所認為的理性思考，勝過「不理性」、神祕或想像的東西，而且他們認為時間是線性、固定的——古希臘人稱之為「柯羅諾斯」（Chronos）。追求穩定型的人感到痛苦時，可能會覺得自己與世隔絕。心理治療師與他們的合作，經常要試著將其輕輕推往相反的價值取向：空想、不理性、脆弱，甚至是故意不負責任與瘋瘋癲癲。他們需要為自己過日子的方式和理由測試極限，要去探究每天生活的動力是什麼——是內疚還是羞愧，抑或是欲望和熱情？以及此刻過的生活，是自己想要的嗎？

我發現，試著幫像蜜拉這種追求穩定型的人做有效的心理治療時，經常會有大感意外的時刻，因為他們可以非常嚴格地控制自己。他們也許會積極地尋求治療，宛如他們明白這是下一個該打勾的項目。可是一旦走進診療室，他們往往想要「實用的」解決辦法。根據我的經驗，著重於認知的療法，例如分析談話治療或行為改變的練習，通常會拖延時間，這會讓追求穩定型的青年感到洩氣，因為他們強烈希望能獲得支持，好能夠進入下一個未知階段。有時我會覺得分秒必爭，好像見面五次就得改變他們的生活，否則他們就會計算成本效益，然後放棄治療。然而，探索個人的意義是趟漫長且迂迴的旅程，況且深入探究的東西，實際上一點也不「實用」，更沒有明確的「下一步」。

若是採用非認知性、不那麼理性的療法，又可能會讓追求穩定型的人覺得受到威脅，因為他們對這些非常不熟悉。但他們迫切需要了解這些最令他們害怕的東西：夢想、神祕、對於未知事物的好奇心。他們需要記住浩瀚的存在——荒野、夜空、宇宙——是他們無法控制的。因此，如果想要幫助他們，通常就得設法讓他們體驗到發自內心的真正追求。這需要努力突破邏輯、線性、實用的領域，重新向他們介紹，那些但願他們在孩童時期可以感受過的東西。有時候，鼓勵他們嘗試技藝的練習或其他形式的創作探索，有助於挖掘出令人驚喜的發現。更有些時候，神祕占卜的做法也被證實有益。蜜拉的朝氣與她的旅行有關，因此我把重點放在這裡，我們的療程由此開始。我想幫助蜜拉回想起海洋、獨自旅行，以及沉浸在波浪中，那種不用時時掌控一切的感覺。

漸漸地，蜜拉和我有了共同的語言，用來描述她在穩定與意義之間的分裂，以及她如何能夠朝意義、神祕和狂放不羈邁出必要的一步。意義猶如巧克力蛋黏糊、甜膩的內部，穩定則是它的外殼。意義也是牢固的書皮之間，那些已準備好的完整故事。穩定是安全、受保護的感覺，意義則是開放、產生連結的感覺。治療初期找到這種語言，在我和蜜拉迷路時才得以確認方向，也協助我們重新想起那些讓她感受到大海的回憶和畫面，使她沉浸在迫切希望再度體驗的世界裡。

在通往空虛的成就階梯上攀登——康納

「你以前接受過心理治療嗎？」我開口問。

康納搖搖頭，瞥了我和地面一眼。「只有高中時和家人去過一次，也看過幾次精神科醫師，拿阿德拉*的處方。」

康納頭上戴著黑色毛帽，臉上滿是點點的鬍渣。我覺得他看起來昏昏欲睡。我仔細看了一些書面的基本資料後，請他隨時可以問我任何有關心理治療或治療過程的問題。我停了下來，他搖搖頭。

「我沒有任何問題。」

我和康納打招呼時，他不太敢看我的眼睛，我走上前去和他握手時，他顯得很緊張。他最初詢問心理治療的語音留言，十分倉促且局促不安，彷彿他強迫自己在掛斷電話之前要開口說話。

「你能告訴我，為什麼決定和我聯絡嗎？」

康納嘆口氣，揉了揉眼睛。他的毛衣和防雨夾克在肩膀及手腕處都皺成一團，好像兩件都買大了一號。

「我從大學輟學了，」他嘆了一口氣開始說。「嗯，簡單來說我被退學了。我爸媽告訴我，如果我不開始看心理治療師，他們就會把我踢出家門。」康納看著地上。他不願意接受治療的情緒瀰漫整個房間。我等他繼續說下去。

「我回家住了好幾個月。我爸媽說我從不離開房間，而且玩了很多他們覺得太暴力的電動遊戲，把他們嚇壞了。」

我點了點頭，仍然默不作聲地等著。他懷疑地盯著我看了一會兒，但我知道他還有更多想傾吐的事。

「我沒有好好吃飯，甚至沒有每天洗澡。基本上我就是個懶惰邋遢的人。」他直盯著地面，臉上開始流露出一些情緒。「我以前不是這樣子的……」他的聲音越來越小，最後聽不見了。

＊Adderall，治療注意力不足過動症的處方藥。

「那聽起來真的很難受，」我沉思後簡單地回應。我還不想問太多問題。

「你能跟我多說一點嗎？」

「我就是完全困住了，」他痛苦地嘆口氣，直視著我說，「我想繼續過我的生活，但不知道該怎麼辦。做什麼都沒用。」

「你說做什麼都沒用，是什麼意思？」

他凝視著我辦公室裡老舊的藍色地毯，難以開口說出句子。我有種感覺，他正在思索通往門口的路徑，盤算他多快能夠逃出去。一會兒後他為浪費我的時間道歉。

「對不起，我不知道。」他聳了一下肩。「我不曉得。我應該滿足，我應該過得很好才對。我沒有理由不快樂。」

康納蒼白的膚色看起來暗沉而不健康。他的藍眼睛幾乎黯然無光。他的肩頸似乎為了保護自己，明顯地緊緊拱了起來，呼吸也變得急促。他似乎陷入羞愧中，有如濃霧中的旅人。我一面傾聽，一面不時插入幾個問題，康納開始吐露更多他生活中近期發生的劇烈變化，這變化讓家人和他自己都十分驚恐。過了一會兒，他似乎放鬆下來，也許是相信我不會對他感到厭煩或生氣，或是我不會加入他批評自己的行列。

「起初，我，嗯，在大學是個『佼佼者』，」他開口說，「我是說，那聽起來很蠢，但我的確是。我是籃球隊的，參加了一大堆比賽。」他抬頭看著我。「我在班上成績很好，全校的人都認識我。」

我點頭，微笑著和他一起聽他的回憶，但心中預期著即將發生的危機。

「後來發生了什麼事？」我問。

康納再度低頭看著地上，然後繼續說。

「在我剛上大三的時候，一切就開始崩潰了。」

「怎麼會這樣呢？」

「我真的不知道，」他告訴我，「但那就是問題所在。一切就那樣開始瓦解了。」

康納按照社會的期望做「對」了每一件事。他生活中所有的要素都顯示出相對的結構嚴謹而穩定，但是在二十一歲時，一切開始崩解。到後來，他差點被大學退學，還失去了獎學金和籃球隊裡的位置。他在講述這一連串的損失時，我只能想像這打擊有多麼令人震驚。

「我很遺憾。」我跟他說。

「嗯，謝了。」他輕蔑地回應，防衛自己不接受我的同情。

我知道康納很自責。一年前，多項學科被當掉、退出籃球隊、變成繭居族的情況，對他來說似乎是最難想像到的未來。他曾經想成為頂尖的籃球運動員，以及成績優秀的學生。他一直期待和全班同學一起畢業。但不知怎麼地，最後他把自己孤立起來，打了無數個小時的電動遊戲，幾乎不吃東西，並且感到憤怒，也在所有認識他的人面前感到羞愧。他努力了那麼久，一切似乎都在轉瞬間消失無蹤。在康納開始與我合作前，我收到一通他母親憂心忡忡、不知所措的語音留言。她在留言中說，康納開始接受治療讓她鬆了一口氣，以及她和丈夫多麼地擔心。我不想隱瞞康納這通語音留言，因此和他分享了我記得的內容。

「她說，他們覺得自己好像幾乎不了解你了，」我告訴他，「她說他們真的很擔憂你。」

「我想，他們是擔心我想自殺。」

「你想嗎？」

康納聳了聳肩。「我不知道。也許吧。」

我等了一下，知道這是個機會，我們需要真正坦誠地談談他受到的傷害有多深。我冒險地進入外人看來可能會覺得不快的領域，但就治療來說，這是到他實際所在的地方和他見面。倘若我讓這一刻過去，卻沒有確認他可能獨自一人承受的東西，那他很可能會在我們第一次見面離開後，感受到比來之前更孤獨的感覺。

「你知道你會怎麼做嗎？」我好奇地輕聲問，盡量讓他的眼睛看著我。

他挑起眉毛，對這問題感到訝異。「用槍。」他停頓了一下，正視著我。「可是我沒有槍。」他又低頭看著地面。「我沒有槍，也沒有任何計畫。但我會採用那種方法。」他看得出我會問更多的問題，所以接著說。

「可是你並不想。」

「是的，我並不想。我覺得像我這樣的人現在不應該擁有槍。不過，我是說，我可以弄到一把。」他開始拉扯袖子上的一條線。「我只是……我只是覺得……我一直覺得很糟糕。我不知道要怎麼讓事情再度運轉……」他的表情頭一次柔和下來，看起來好像很悲傷。他憋住呼吸以免哭出來。

我停頓下來給他一些空間，然後才說話。

「你能幫我一個忙，用鼻子深呼吸幾下嗎？」

他沒有問我「為什麼」或「怎麼做」就照做了。起先有些費力，然後他放鬆下來、閉上眼睛，往後陷進椅子裡。

我大膽地打破沉默，問了這個似乎很重要的問題。

「你覺得，你想要那些你那麼努力達到的任何東西嗎？」

康納告訴過我，他為每件事付出了多少努力，但我不曾從他那裡聽到任何接近高興的情緒，甚至也沒聽過他對成就或認可之外的東西由衷地渴望。通常，主流文化鼓勵的欲望是：成就勝過滿足；收穫重於親密關係或關聯。於此之下列出的概念性目標清單，是根據社會期望而非真正的個人幸福。這是康納和許多同輩從小就遵循的腳本，但這不足以讓他維持下去。

「你**喜歡過**你在大學裡付出那麼多努力的活動嗎？」我繼續說，「你記得你喜歡什麼嗎？」

康納彷彿看穿我似地回視我，陷入沉思中。他要不是想起很久以前的事，就是我提的問題撥動了他的心弦。他的眼中開始湧出淚水，他把臉轉過去。

在那一刻我看得出來，我對康納要做的工作，會近似於誘哄一隻擔驚受怕的流浪狗走出躲藏處。我需要贏得他的信任，讓他走出完全孤立的情況。但我需要提供一些能吸引他本能的東西，好比用新鮮食物的味道引誘飢餓的動物。我不能只是和他的理性腦對話，因為他的理性腦已經變得相當專橫殘暴。理性思維對他不再有幫助，這是追求完美、遵守某些社會價值觀的追求穩定型的人，變得異常且沉淪的症狀。康納的操作系統專注在依循社會的成功標準，據此決定他「應該」成為什麼樣的人。因此，他的個人需求在發展途中被視為是不理性、不相關而遭到摒棄。

康納是個陷入嚴重危機的追求穩定型的人。一年以前，他根本不會考慮接受心理治療，也不認為他的人生選擇有什麼值得擔心的。然而此刻，他依賴的所有體系都消失了，我不意外這讓他產生了自殺的念頭。他努力達成的一切出乎意料地崩壞了，讓他覺得人生好像已經無望。康納只有一個行動計畫，而他出色地攀登、達成了這個計畫。他完全依照別人教他的方式執行。高中時，他成績理想，而且在他的領導下，籃球隊贏得校史上最多的比賽。在大學前兩年，他依循類似的路徑，直到發生了戲劇性的變化。儘管我進一步探詢，細節仍然不清楚，不過這裡有一種我感到很熟悉的模式。

「我想我大概知道發生什麼事了，」我告訴他，「而且我認為你可能比你認知的還要幸運。」我知道我這麼說是在碰運氣。

「妳說什麼？」康納大笑起來，幾乎是生氣了，他震驚得揚起眉毛。

我聳了聳肩。

「妳覺得感到糟糕透頂，變成離不開房間的噁心蠢蛋，是幸運的事？」

他真的很恨他自己。

「不，」我說，「我不那麼想。可是如果你繼續走原來的路，我認為事情必定會在某個時間點崩潰。我真的認為在二十歲時感到糟糕透頂、變成一個噁心蠢蛋比在五十歲時要來得好。」

「這是什麼意思？」

我引起了他的注意。

「我的意思是，我認為你正在經歷我們過去所說的中年危機，只不過你是在二十歲出頭的時候發生。」

「妳認為我正在經歷的是中年危機？」他幾乎笑了，語調開始緩和下來。這似乎比他在網路上找到的診斷要輕微多了。

「我的確這麼認為。而且我覺得倘若我們一起解決這個問題——如果你重新開始吃東西，並且養成一些更健康的習慣——你就會多了解自己一些，學到那些對你來說很重要的事。」

康納皺起金色的濃眉，只是盯著我看。

「但是我們有些功課要做。我們必須專注地為你找出比以前那條更令你滿意的人生道路。這不僅是為了你的自尊，」我停了一下，「我認為你之前走的路永遠不會為你帶來你**真正**想要的生活。」

主流文化培養青年攀登的「垂直成就階梯」是通向虛空的，它不是完整的行動計畫。抵達頂端的人往往危險地膨脹起來，脫離地面，不知道下一步要做什麼。我告訴康納，我認為他很幸運的原因是，支撐他浮起來的充氣氣球，在他還念大學時就爆破了，此時的他完全有能力修正路線。儘管很多東西崩壞了，他仍然有熟悉的安全網接住他。他沒有事業、房子、家庭沉重地壓在他的良心上。雖然康納不樂於和父母一起待在家裡，但他有窩在家裡的選項。他很安全，而且他的成年生活才剛開始。他有很好的機會可以重新整頓生活，甚至過得更好。

當我向康納提出更多這種情境時，他凝視著我，心思卻好像在別處。

「嗯。」他停頓下來。

「你在想什麼？」

「我只是想起去年做的一個夢。」他開口說。

「哦，是嗎？」

「是的……事實上，我想我做過這個夢好多次，每次都讓我心驚膽跳。我在金門大橋搭著電梯往上……然後電梯停了下來，我知道我必須從空中跳到另一臺電梯上，那臺電梯正經過我身邊往上走……我總是在跳過去的時候驚醒。我很確定我沒有成功……」

我傾身靠近他。「那聽起來很可怕。」

「嗯，我在，**很高的地方**。我想這就是我想到這件事的原因。在某些版本的夢中，我懸在兩臺電梯之間的橫槓上，好像我可以利用橫槓從一臺電梯移到另一臺，但我只是在半空中擺盪或跳躍。之後我總是滿身大汗地醒來。」

康納回視著我，並聳了一下肩，但我看得出他腦中的齒輪在轉動。他正在理解、消化一些訊息。對於我所說的線性攀登的空虛感，他本能地從中受到衝擊。康納感受到了內心害怕「失去控制」的恐懼。他一直抗拒那些他感覺到的、正朝他而來的東西，無論他喜歡與否。

對追求穩定型的人來說，走向追求意義經常需要「放手」。這樣的失去控制或失去計畫是一種犧牲，是過往生活方式的破滅，或是捨棄了某些他們視為生存不可缺乏的東西。放手，意味著願意揮別過去的生活方式、投奔新生活，代表屈服於自己無法完全掌控的人生和道路。然而，這個想法很難傳達。

我找不到簡單的方法，解釋「屈服於自己的道路」是什麼意思，因為「道路」和「屈服」兩者都是無形、捉摸不到的。但好比用「從太空中墜落」或「手指疲憊地緊抓住懸崖」來形容某種感覺，這些內在經驗可以用隱喻或明喻來描述，也經常能夠借助於夢境。如此一來，就**感受**得到屈服的必要性，以及伴隨而來的恐懼。

康納需要放棄控制、停止攀升，回到他可以安全生活的地面。要犧牲全心全意投注了那麼多時間的生活方式，他需要了解另一面的人生，也得相信比他的意志力和計畫更重要的東西。在他那麼勤奮努力的同時，他卻覺得自己好像即將墜落，幾乎無法堅持下去。由於沒接受過需要平衡的訓練，也沒有保持平衡的框架，康納只能用上全副的意志力，去抗拒想犧牲一些過往計畫和目標的本能。他不願傾聽人生或靈魂對他的要求。了解這點，將是我們許多治療工作的重點。很多關於自己及生活幸福的資訊，交織在他的思緒、感受、直覺、夢境與經驗中，其中有許多似乎早已預料到最近幾個月發生的事。康納怎麼會忘記自己喜歡、熱愛的東西呢？大學裡到底發生了什麼事？為了找到返回世界的路，他必須鬆手放棄些什麼？

成長的四大支柱

不論是像康納和蜜拉這樣追求穩定型的人，還是像丹尼與葛蕾絲那樣追求意義型的人，他們的目標都是學習另一類型的價值觀和做事方式。但這不是一件容易說服他們接受的事，因為兩個截然相反的類型，可能都以負面的角度看待對方。儘管另一類型是矯正他們不平衡的最好方法，但通常也是他們一直試圖避開的。

追求穩定型的人可能認為追求意義型的人「太過分」，但他們暗地裡也羨慕追求意義型的人看似豐沛的情感及富有創造性的表達能力。另一方面，追求意義型的人可能斷定追求穩定型的人「易怒」或「享有特權」，卻又暗自羨慕他們始終如一、在這世上看起來輕鬆自在。這些全都受到文化的影響，世上有數不清的版本，這些人只是這兩種類型呈現出的部分樣貌與例子而已。不過一般說來，從一個人對別人的評斷和羨慕之中，可以找到他們對自己人生最深的**恐懼和渴望**的投射。那些評斷往往顯示出對完整的追求。

現實中，對追求穩定型的人而言，追求意義最終會幫助他們達到穩定的目標，因為生活會變得更充實，他們的安全感不再被感到空虛的恐懼感破壞。另一方面，對追求意義型的人而言，追求穩定會幫助他們感覺到意義，因為他們更能證明自己的信念是合理的，會感到自己更有能力在外在世界生存茁壯。

追求穩定型的人，需要深入地投入自我探索、探究個人的意義：什麼東西能具體而獨特地帶給他們活力和目的感，無論這東西對現狀有多大的威脅。追求意義型的人，需要努力應付日常工作及長期目標，這有助於匯集他們的創造力，並讓他們的生活更有安全感，不論這些任務起初看起來有多麼艱鉅。兩種類型的人都需要致力於治癒過去的創傷，有意識地改善、溝通和生活中的人際關係。最終的結果是每個人都會成為與以前略微不同、具備自信而有能力的人，他們對自己越了解，就越能夠自在地融入外在世界。

接下來的章節，將會透過葛蕾絲、丹尼、蜜拉、康納的故事，來探討這兩種類型在自我發展上的課題。這些故事描述了他們努力在四分之一人生時期，通過成長四大支柱——分離、傾聽、建立、整合——完成個人發展的過程。這四大支柱，是我將英雄之旅各階段所描繪的、以及傳統成人儀式所傳達的觀念改變了性別區分的路徑，加以改編和現代化。同時，它也提供一個框架，讓人們得以了解榮格心理學所謂的「個體化」追求、意識發展與自我追尋，這些在歷史上被視作中年人課題的內涵。儘管後續章節依時間順序規畫，但實際的心理治療工作不是線性發展，通常是循環、緩慢、不斷地反覆。成長四大支柱不像樓梯上的臺階，或清單上可以打勾並遺忘的事項。然而這些支柱提供了定位點與結構的節點，有如蜘蛛網般固定在四個位置上，人們透過經驗與努力編織人生，將會一次又一次地重新審視這些基石。

Chapter 6

分離

脫離不再適合自己的關係和期望

你需要解決、轉變，
或結束什麼樣的關係？

在四分之一人生中，改變早年的人際關係是自然的發展需求。與心理和身體上對他人的依賴「分離」，有利於一個人產生動力讓自己的獨立和獨特性更臻於成熟，這是一種本能。然而，現代生活往往會掩蓋這種本能。讓人更容易保持聯繫卻更難獨立的科技、要求人們忠於信仰和家庭的宗教指示，以及昂貴的生活開銷和低薪，這些事使得四分之一人生對分離的強烈需求經常遭到阻礙、抗拒及妨害。對大多數青年而言，這種結果令人感到困惑與痛苦。青年知道他們需要身體和情感上的空間，以釐清自己是什麼樣的人以及如何依靠自己，可是他們通常不知道該如何與過去的關係分離，或是傳達自己的需求，更別說在一開始他們能懂得自己為何會有這些需求。

過去無數的文化傳統都顯示，個人在心理與社會方面都需要和父母分離。一般說來，許多文化會在青春期左右舉行成年禮儀式，以鼓勵或強迫這樣的轉變。這些習俗會因文化、時代、參與者的性別而異，但如同喬瑟夫·坎伯所指出：「所謂的成人儀式……其普遍特色是極度嚴格，以及擁有正式的斷絕典禮。藉由這樣的儀式，讓大腦與過去這個人生階段的心態、感情及生活模式徹底切斷。」這些儀式滿足了改變童年時期紐帶關係的自然需求，如同野生的哺乳動物一般。坎伯提到，當現代社會忽視了這種在心理上與父母和其他童年關係分離的需求，個人就會變得「受到童年的牆壁束縛，父母成為門口的看守，膽怯的人會因為害怕遭到某種懲罰，而無法通過那扇門走到外面的世界。」

心理分析很早就體認到，有意識地與過去的依賴和期望分離是重要的。不過這類課題，最常伴隨中年時期的領悟而來。我認為這是一種**誤解**。如同我一再看到的情況，「分離」是後青春期需要的課題，是我們在失去成年儀式後喪失的東西。與其說這是中年的標誌，不如說是四分之一人生發展的基本要素。

大多數描繪四分之一人生的童話故事及神話，都是從某種分離開始，故事中的英雄離家去追尋某種東西，通常是一些虛無縹緲或具有奇怪象徵意義的東西。有時他們遭到驅逐，因為無力符合人們的期望而被攆走。有時他們迷失方向、受困在外面的世界而無法回家。現代青年也經歷了類似的、最初的**身體**分離。無論是出於逼迫或自己的選擇，青年經常能指出內心擁有尋找自我之路的強烈欲望。想分離的本能，引導青年走向外面的世界，離開家人，或許也遠離教會、社群、朋友圈，甚至目前的親密伴侶，只為了追求更重要的自我發展或自力更生。

如果沒有明確的文化提供生活與財務的後援，去完成這種物理上的分離，青年經常不得不延遲這件事。可是，忽視想要分離的本能，可能導致無休止的挫敗和受困的感覺。青年內心有一種想展開自己生活的強烈需求，召喚他們出走、探索，以滿足自己的好奇心。他們很少去考慮「決定是否合理」，或是有無安排協調方面的限制。那是一種渴望，一種無法完全名狀或解釋的需求。如同得不到飽足的飢餓，想脫離童年家庭和關係的需求，一旦遭到壓制就會變本加厲。這種極度的飢餓可能會引發痛苦、恐慌、「戲劇性的行為」和焦慮，有時甚至是暴力。外人可能會認為，處在這種狀態的青年是「失控」或「瞎扯」。但對青年而言，他們像是遭到外星寄生蟲控制，表面下有股似乎無法滿足的強烈欲望在推動。對有些人來說，這種感覺可能會引發極大的恐懼。他們會擔憂未知的事物、擔心遠離自己的舒適區，並且為他們深愛、曾指引他們的人難逃一死而煩惱；他們想著，假如他們像一個被迫離開子宮的嬰兒一樣，與過去分離卻無法獨立生存，那該怎麼辦？

如同已離家的青年所知道的，這只是第一步。真正的分離是一段漫長的過程，透過緩慢改變關係中的經濟、情感、心理方面的依賴狀況而自我蛻變。健全的分離，通常包含設定新界線、改善溝通能力、釐清父母和兄弟姊妹（以及無數的其他人）影響個人自我覺知的隱晦或明顯的方式。目標是能夠自知、自立、自愛、自信，以及增進與其他人的親密關係。這往往得來不易，通常需要花上很多年的時間，才會感覺到有一絲改變。

勇敢擁抱人生

「他們有權知道我在做什麼。」康納表示，他顯然非常沮喪。那是在我們合作兩個月後，有一次正在討論他和父母的關係。每當我開始貿然介入討論他父母對他的影響時，他就會變得防禦性極強，在我看來這象徵著他的矛盾心態。

康納在離家兩千英里外的地方讀大學時，他和父母的聯絡幾乎從不間斷。

他認為這方面自己和朋友並沒有太大的差別，而且身為獨生子，他發現父母特別期待他的親近。他母親是主要的聯絡人，而康納知道，她也是自己和父親之間的橋梁。

「所以你們多久聯絡一次？」

康納聳了一下肩。「他們希望在比賽結束後都能收到我的訊息，了解一下賽況，即使只是幾行簡訊也好。那很正常啊！」

我點點頭同意，「完全正常，甚至可以說是合情合理。還有什麼？」

「我想，我每天在學校也會和他們兩人或其中一人傳好幾次簡訊。他們每年至少會飛來觀賞幾場比賽，」他繼續說，「他們超級支持我，支付我上大學的花費，我也不好把他們拒於門外。」他注視著我，彷彿這想法本身就是不尊重的。

「但你曾經想過？」

「你說把他們拒於門外嗎？」

我點了點頭。

「嗯，當然。」康納低頭看著地面。

我等著。他的表情和思考的基調已經改變。

「那實在很蠢。」他突然搖著頭大笑。「老實說，我到底有什麼毛病？」

「等一下，剛才發生了什麼事？」他似乎在思量一件重要的事，但陳腐的羞愧感打斷了他的思緒。

「我爸媽**理當**對我感到失望。我擁有一個大學生想要的所有資源，卻徹底失敗了。他們生氣是有道理的！」

「我們可以再放慢腳步嗎？」

康納深吸一口氣。他相互矛盾的信念體系正陷入爭論，我試著不讓他腦中「理性」、不懷好意的聲音轉移我們的談話主題。我經常把這種內心的聲音稱為「邪教領袖」：它很無情、控制欲很強，並且非常熱衷於破壞它視為徒勞的情緒進展。

「你父母的某些支持，曾讓你感覺像是壓力嗎？」

康納嘆一口氣往後靠，深深坐進椅子裡。他把腳踝蹺到另一條腿上，手掌放在膝蓋上，稍微放鬆下來，好像決定再和我一起待在房間裡。

「和他們保持密切的聯繫，是不是讓你很難探索自己的興趣？」

「我幾年前開始欺騙他們。」

「哦，是嗎？」我覺得鬆一口氣。他回來了。

「我想就如同妳先前說過的，我之所以對他們撒謊，是因為我需要空間。雖然這聽起來像藉口。」他停頓了一下。「我不知道如何辦到他們要求我的一切，那一類的。」

「你不知道怎麼辦到他們要求你的一切。」

他點頭。

「因為你也在試著做你自己想做的事？」

「我想是吧。」

「如果你一直想滿足父母的期望，那就很難釐清自己的渴望和目標。」

「嗯，我想是吧，沒錯。」他點點頭，看著自己的雙手。

「你能舉個例子說明，這是怎麼發生的嗎？關於這種衝突？」

康納猶豫地開口說：「我和學校的一個女生約會。」

他停止說話，深深地凝視自己的手。房間裡的能量突然起了明顯的變化。

「我約會的這個女孩，或者說女人，都無所謂，叫伊娃。」

「伊娃。」我重複一遍。

「對。我們算是在一起，不過，也不完全是，有兩、三年的時間。」

「怎麼了？」

「我不得不和她分手。」

「因為？」

「因為——」他打住了，防禦性地換了姿勢。「因為。」

「因為？」我再逼問。

「因為我永遠沒辦法帶她回家見我爸媽。我不想再誤導她。我們的關係是行不通的。」

「等等，為什麼？你為什麼不能帶她回家見你父母？」

「有很多原因。」

「例如？」

「像是她的頭髮太短了。」

「她的頭髮太短，所以你沒辦法帶她回家見你父母。」

「對。妳可能覺得這聽起來很蠢，但不光是這樣而已。」

「繼續說吧。」

「她身上有幾個刺青……她是個『放蕩不羈的人』或者那一類的。她從來不遵守她不喜歡的規定。我媽一定會討厭她。」

「你喜歡她嗎？」我問。

康納一時情緒激昂但緩慢地點點頭，然後似乎對自己坦率地表露情感覺得意外。他的臉部繃緊，泫然欲泣的悲傷彷彿即將從喉頭湧出。他轉移目光，伸手拿水喝了一口。然後他盯著玻璃杯，陷入沉思。

我靜靜地陪他坐了一會兒後，輕聲繼續說。

「那段關係是怎麼結束的？」

康納聳了一下肩，再度轉過臉去。「我只是開始躲著她。」

「你開始躲著她。」我沉思著輕聲說。
「對。」
「她知道為什麼嗎？」
「她大概猜到了吧。」
「你始終沒有告訴她。」
「是的，我從沒跟她談過。我只是默默地和她斷了一切聯絡。我沒辦法處理。」他的音量降低了一點。「老實說，我想那是我躲起來的原因之一。」他再次停頓，手裡拿著水。「基本上我無時無刻不想她。」
眼淚似乎快湧出。他又將杯子拿到唇邊，但一開始並沒有喝。他回望著我。
「我搞砸了嗎？」
康納現在迎向我的視線，杯子放在大腿上。我知道他希望我對他的問題回答「沒有」。他希望自己的行為得到寬恕，好能減輕他一直背負著、此刻我才明白的內疚。不過我無權寬恕他的行為，坦白說也不能那麼做。他必須面對導致他痛苦的關係破裂，並且從中汲取教訓。他必須承認自從和他的朋友兼伴侶斷絕關係後，他深深感受到悲傷和寂寞，他顯然深愛著這個人。當一個人能夠誠實地正視並處理悲傷和內疚時，他在親密關係成長的機會就提高了。我試著將我們拉回事情發生的核心。

「所以你認為伊娃直到今天，還不知道你消失是因為你的父母，而不是因為她。」

「對。我是說，我在社交媒體和所有管道上都封鎖了她，也對她說了一些很難聽的話……我只是想要恨她，好把她趕出腦海。」

我沉默地陪他坐著。

「不過也不光是因為我爸媽。」他繼續說，又替自己辯解。

我猜想他已經和自己爭論過這個問題上千次了。

我發現對父母期望的虔心奉獻，是四分之一人生中最難釐清的事，因為奉獻本身無可爭議。從社會和理智的角度來說，尊敬父母是「值得稱讚」、「合乎道德」、合乎情理的一件事。在許多文化和群體中，這是首要規則。然而，年輕人的本能是要求演化、遠離自己的根，有時是小聲耳語和質疑，有時是大聲要求。脫離對父母的依賴和父母的影響是天性所需，但我們太習慣聽父母的話，也因為很少有社會框架支持我們擺脫他們的看法，因此父母的見解往往比我們個人的本能更有分量。如果時間過長，童年的忠誠很可能會對心理造成威脅。你無法同時服侍兩個相互衝突的主人而不失去理智。

在我們開始鑽研這個問題前，康納並沒有意識到他的過去和未來、他父母對他的期待和他自己的渴望之間存在著分歧，他只是覺得沮喪，非常地灰心喪氣。因此，康納自動回到他向來的做法：相信父母，或者說試著去相信。但現在他陷入危險的困境，康納想跟人穩定交往。他喜歡和伊娃在一起，他喜歡她的「放蕩不羈」。我猜想，當他容許自己順從好奇心和欲望時，他曾因她的活力而茁壯成長。她聽起來像是追求意義型的人，可以喚醒他的自由意識、本能和喜悅。然而康納最終無意識地選擇將這些感覺都推開，繼續忠於他的父母，尤其可能是他的母親，她代表了非常不同的存在方式，而且似乎毫不隱藏對他未來的焦慮。直到康納能夠面對令他母親失望的風險，並脫離她的焦慮、忍受她對他可能的評價以前，他都會持續覺得困在自己的人生，也無法選擇對自己真正有益的關係——或任何東西。他矛盾曖昧的訊息及無法承諾的態度，會把他自己和他將來每個伴侶都逼瘋。而他對母親的憤怒甚至是憎恨也會加劇。不幸的是，這種模式在現今順性別的年輕男性身上極為常見。

康納不願承認他已經憑本能成長到父母鞭長莫及的地方。只是他還不夠果斷，或者沒有足夠的勇氣踏入自己想要的生活，結果就困在停滯不前宛如煉獄的狀態——既不去追求自己的人生，也達不到父母的期望，這是最糟糕的狀況。過了一段時間後，他再也無法確定該如何做決定。完全喪失正常活動的能力後，他就崩潰了。

我試著向康納解釋這一切。

「這有道理嗎？」

他點了點頭，往後舒適地靠在椅子上。

「嗯，這確實很有道理，」他開口說，「我的確覺得自己好像在煉獄中，但我不太清楚為什麼。我以為我是因為什麼事情而受到懲罰。」

康納必須鼓起勇氣為自己的人生、欲望和選擇負責，無論最後會離他父母的願望多遠。不過，這種勇氣不見得就會不尊重父母，這有一部分取決於康納選擇如何回應。他的分離課題可能需要大量的溝通，那就要嘗試吐露自己的狀況及需求。最關鍵的是，他必須承認自己在這世上不是父母的複製品，也不是他們的門徒。他存在是為了做**他自己**，以及好好釐清「做自己」是什麼意思。了解真實的自己、活出自我，將會是康納的代表作。

我希望康納的父母會仿效他的做法。作家奧菊・羅德（Audre Lorde）曾撰寫一本歷久彌新的指南書*，從父母的角度來看如何支援健全的四分之一人生發展。她表示，每個家庭成員都必須感到不受限制，有權過自己的人生。羅德具體寫出撫育一個男孩的經驗，並強調以**她自己**的心理健康和充滿活力的生活，作為孩子發展榜樣的重要性：「我能教給兒子最重要的教訓，與我教給女兒的一樣，那就是：如何成為他希望自己成為的人。**而我所能做的最佳教法就**

---

* *Sister Outsider*，一九八四年出版的散文與演講集。

是做我自己，希望他從中學到的不是如何成為我，這是不可能的事，而是**如何做他自己**。這表示他要聽從內心的聲音，而不是外界刺耳、勸誘或帶著威脅的聲音，那些聲音逼迫他成為這世界想要他成為的人。」（重點是我畫的。）

父母若是難以放手，或不相信孩子有能力找到自己的路，那就將注意力轉到自己身上吧！這對整個家庭體系會有幫助。父母只有在完成自己的課題，與自己的童年關係分離、追求他們最想過的生活，才有辦法教養成年的子女。正如孩子需要去尋找獨立的新生活那般，父母也需要這麼做。比起之前任何一個發展階段，青年的父母更不可能將認同感建立在為人父母的經驗上。倘若他們曾為了專心養育子女而將其他事情擱在一旁，通常就需要重新開始去追求具有**自我特色**的生活。父母需要探索自己的抱負、創造力、恐懼和希望，勇敢地克服自己的心理障礙。

我的期望是，父母和邁入四分之一人生的孩子在人生道路上，都能朝著平等的方向演進，比以前少一些階級和依賴。這種角色轉變需要有意識地下許多工夫，因為親子關係中充斥著壓力、誤解、傷害、失敗，很不幸地還有虐待，簡直困難重重。因此，青年的父母通常也能從心理治療中獲益。

康納不用為他父母在情感或心理方面的發展負責，而且從我的立場看出去，難以得知誰壓迫過誰，一切都混雜著壓力和焦慮。但我很確定，在康納可以鼓起勇氣完全尊重自己對女朋友的感情之前，他必須先在內心找到捍衛**自己人生**的勇氣。從許多方面來說，這個課題通常是培養道德勇氣的開端。在四分之一人生階段分離，是為了讓人意識到其他人對自己的看法和選擇的影響及壓力。因此，分離的課題在心理和道德上都有其必要。用略微不同的方式將「我的信念」和其他人的信念區分開來，可以培養知情的良心，增進信任自己人生歷程的能力，即使——或者說尤其是——當一個人本身的立場與現狀相互衝突的時候。這種能力可以知道自己**是**什麼樣的人、**不是**什麼樣的人，並且在有歧義或需從眾的壓力時，知道自己在衝突中的立場。倘若沒有這種自知，又不被容許捍衛**他自己的需求**，康納在一段關係中就永遠無法真正尊重別人的欲望和需求，也會不斷地害怕他希望擁有的創造力生活受到評判。

康納和我談論這方面的發展已經好幾個月，我們制訂了和他父母詳談的計畫，然後一起討論那些談話的進展。康納從在餐桌上留下紙條給他們開始，逐漸變成長達數小時的討論，有時是全家人一起，有時只跟父親或母親談。經過一段時間後，我很慶幸聽到他父母樂於傾聽、接受他的想法，還有他們家集體的進步。這一切並不容易，不過很顯然地，壓在整個家庭的重擔開始減輕，家人之間的相互了解也更勝以往。

邁向自力更生

「我不想利用她，」有一天葛蕾絲對我說。「而且我知道我很會擺布人，我操縱別人的方式連我自己都感到畏縮。她對我太好了。」

葛蕾絲正在反省她和女朋友史黛西的關係，這話題我們已經斷斷續續探討了好幾個月。葛蕾絲想搞清楚，她們還在一起的原因，以及這關係對她倆來說是否健康。

「這讓我覺得自己像是個懶惰的孩子。我不想再有那種感覺了。」

葛蕾絲的口氣開始比她在過去的治療中來得堅決，她試圖理解這種隱約想要獨立的內心壓力。這股想獨自一人的衝動，並不符合她對整體穩定性的實際看法。儘管如此，她還是堅持不退讓。

「我不能因為擔心沒有她我會活不下去，而繼續和史黛西在一起。」她態度明確地直視著我。

「我明白妳所說的，」我說，「妳不想依賴她。」

「沒錯。我不能依靠她。我不想要非得依靠她不可。」

葛蕾絲最初的分離過程從她年少時就開始了，當時她開始質疑教會和她母親堅定捍衛的信仰。這個過程一直持續到她在網路上認識史黛西後離開家，身體上與母親保持距離，果斷地朝自己的人生方向前進。可是現在，與史黛西在一起四年後，葛蕾絲釐清自我認同的工作似乎展開了另一個階段，她開始脫離第一段穩定的戀愛關係。

異性婚姻曾是四分之一人生脫離父母的社會標準，是青年離開童年的家，開始建造獨立生活和家庭的主流途徑。不過對很多人來說，就像我一樣，大學已經取代婚姻成為離家的第一步。而對另一些人來說，從軍或在別州找份工作則是他們的出路。這種形式的分離，無論如何發展，在歷史上一直都是未經精煉、無意識的過程。

從歷史角度來看，在四分之一人生初期結婚，主要是為了滿足社會和經濟的需要，而非心理需求。由於這個緣故，中年危機經常與離婚及重新評估未處理過的父母關係有關。不過像葛蕾絲這樣的個體，凸顯了在四分之一人生階段，分離可能以無數種方式發生。她離開家是為了談戀愛，而不是為了結婚生子。她對自己人生需求的疑問，沒必要推遲十年或二十年。

葛蕾絲未婚、非異性戀、二十歲出頭，但她已經開始仔細分辨，她在哪些方面依賴伴侶，卻不一定能從兩人關係中獲得滿足。與史黛西的關係，幫她脫離似乎不適合她的家庭生活和信仰體系，但她在伴侶關係中成長的限制卻也開始顯現。無論看起來多麼不理性或非必要，葛蕾絲都覺得自己需要別的東西。

「我有種感覺，要是我不結束這段關係……」葛蕾絲想到一半停了下來，緊抓住腹部。「啊，光想到就覺得很想吐。我不知道我能不能辦到……」

我們一起默默地等著她消化自己的感受。

「我知道……我知道如果我不鼓起勇氣和史黛西分手，我們兩人都會停滯不前。我不希望我們變成這樣。」

「多說一點吧。妳們會怎樣停滯不前？」

「我的意思是……」她深吸一口氣，「史黛西，呃，會提醒我吃東西。她會確保我按時打開帳單並繳納。她在夜裡會幫助我入睡……」說到這，葛蕾絲近乎無聲地倒抽一口氣，開始啜泣。她俯下身子，突然悲傷地號啕大哭起來。

我也本能地向前傾身。「這是妳最害怕的，對吧？」

葛蕾絲繼續哭泣，只是對我微微點頭表示同意。

葛蕾絲知道，是她女朋友幫她保持了平衡，有女朋友在身邊她就有依靠、能夠穩定下來。但在我認識她的大多數時間裡，葛蕾絲一直和我探討的問題是，她覺得女朋友在無意間對她過分呵護。有時葛蕾絲會懷疑，史黛西是不是想讓她依戀她。這一切令人非常困惑，她無法完全分辨什麼是真的，但她知道，儘管她非常愛史黛西，她終究更像是把史黛西當成拐杖而不是喜悅的泉源。最重要的是，她討厭覺得自己像個負擔或是無法獨立生存的小女孩。葛蕾絲將對母親的依賴轉到史黛西身上——她從來沒有真正獨處過。所以不論是在診間的治療，還是在其他時間書寫日記、和幾個密友相處的過程中，葛蕾絲開始逐漸釐清自己的需求和渴望。

葛蕾絲正在努力了解什麼屬於她、什麼不屬於她，以及她是什麼樣的人、不是什麼樣的人。這種仔細辨別的工作，也適用於有手足的青年，以及擁有親密朋友的青年。因為前者的個人認同往往建立在這些複雜的關係上；後者則為了保持密切關係的協定，可能會在不經意間壓制個人的表現力和成長。同樣地，倘若青年進化的自我與早先擁戴的信念不再一致，他們就會感到內心有股欲望，想要脫離自己的宗教團體，就像葛蕾絲那樣，或是擺脫自己的政治立場。分離的工作，涉及到家庭系統理論先驅莫瑞．包溫（Murray Bowen）所說的「分化」或者「自我分化」。將「我」與「非我」區分開來的概念，是四分之一人生發展的關鍵。

包溫指出，那些沒好好區分自己與他人的人，會更容易感到不知所措。像葛蕾絲這種追求意義型的人經常難以區分兩者，因為他們傾向於重視群體和關係，並且可能主動拒絕各種形式的個人主義概念。然而，無法區分「**自己的感受或意見**」與「**他人的感受或意見**」，就可能會造成類似電腦當機的壓力：訊息過多，卻不是很清楚該如何處理所有訊息。這樣的人處在一大群人海中，卻沒有個人的自我感知。

葛蕾絲對群體的喜愛和同理心，讓她持續被壓垮的可能性極高。她幾乎無法拒絕任何人，但是她需要設定界線、要求獨處的時間。她得這麼做，才能將自己的想法、需求與感受，和生活中其他人的區分開來；並且靠自己的努力獲得更高的穩定性，而不是依賴別人提供給她。

經過多次審慎的交談，在我們合作大約一年後，有一次我打開候診室的門，看見葛蕾絲盡其所能地輕聲啜泣，睫毛膏順著她的臉龐滑下。她深深陷進我辦公室的椅子裡。

「我們昨晚分手了，」她悲痛得結結巴巴說著，「我好難過！」

葛蕾絲哭了至少二十分鐘，同時講述著發生的事情，並告訴我她與史黛西談論的一切。但是過了一會兒，等眼淚止住後，她喧鬧的笑聲又回來了，她並沒有改變心意。

「我知道這麼做是對的。我想要獨自過日子一次。」

與過去和解

「我想要逃走。我無法直視他的眼睛。可是我，呃，也很想要盡可能地接近他，妳明白嗎？」

丹尼從未告訴過別人這個故事，他父親酒駕撞毀了自己的卡車後，他去醫院探望父親的事。丹尼知道父親酗酒，在他成長的過程中，酒在他家一直是個問題。但他不曾見過父親像這樣子——受傷、脆弱、害怕。

「我只記得他那糟透了的表情。他非常地沉默，一臉沮喪。」丹尼深吸一口氣，抬頭看著房間的角落。「看到他在那裡，我們有點崩潰了……或者說我崩潰了。」

丹尼揉了揉額頭，哭了起來。淚水默默地順著臉頰落下。

「天啊，那真是糟糕透了。」

我們終於聽到了這個他過往從未傾吐過的起因，這也是丹尼之所以在大學一年級被診斷出患有躁鬱症的起因。就在探望住院的父親幾天後，丹尼回到車程幾小時外的校園。他知道自己在家沒有絲毫幫助，但他開始難以專心上課。

「我好像就是無法停止擔心。或許事情真是這樣？或者是我在找藉口吧。」丹尼停頓下來，仍然在自言自語，回想他離開家後，頭幾個月所經歷的事情。他稍微俯身，摸了摸頭皮，他的頭髮還是宛如麥茬的長度。「我那學期的成績一塌糊塗，我被當了兩門課！」丹尼自嘲且羞愧地笑了。

那年夏天丹尼回家後，與母親、繼父和幾個兄弟姊妹住在一起。他記得母親一再地說他看起來很不一樣。

「那個假期她大部分時間都在，嗯，關心我的狀況，說著：『兒子，發生什麼事了？』」

「她真的很擔心呢。」我沉吟著說。

「的確是。」丹尼點頭。「我想，那時她很擔心我最後會跟父親一樣。」

丹尼的母親幫他預約了精神科醫師。她鼓勵他，將完整的家族史告訴醫生，包括父親酗酒以及最近被醫院診斷出患有躁鬱症的事。丹尼的母親艱難地與丹尼父親相處多年後，這個診斷讓她恍然大悟。

「你還記得第一次去看診時，那位精神科醫師問了你什麼嗎？」

「老實說，我不大記得了，」丹尼把身體往後靠著開始說，「那是好幾年前的事了。但我想他並沒有問我很多問題，那次看診時間不是很長。」

「你有沒有告訴他，你爸爸車禍後你的感受？說你多麼擔心？」

「我想有吧？也可能沒有。不過他好像把重點放在我爸酗酒和他是躁鬱症患者的事實上。我想他可能和我媽也談過了吧？」

「那後來呢？」

「我是說，就差不多那樣子。我帶著診斷結果和處方離開了。」

「當時你對這件事有什麼感覺？」

「我不知道，」丹尼回視著我答道，「我覺得我有點鬆了一口氣又——」

他停下來嘆口氣，好像準備面對一件大事。「說真的，我認為是三種感覺全部混在一起。」

丹尼伸出食指，開始在腦中的清單上打勾。

「我覺得鬆口氣的是，我得到了為什麼自己感覺這麼糟糕的解釋。」他再舉起一根指頭，「第二個是，我嚇壞了，我居然在最糟糕的方面像我父親。第三個是，」丹尼舉起無名指，「我想……這很荒謬……車禍後我感受到自己非常擔心他以後，我有點為自己跟他再度連結感到欣慰，即使是透過診斷。」

丹尼當時十九歲，如果他獨自理解了這一切，那很了不起。我欣賞他能夠仔細地分辨當時的感受，試著將事情的發展拼湊在一起。

將自我認同與父母（以及手足、朋友、伴侶等等）的認同分開來，需要的心理課題有各種可能的形式。對葛蕾絲來說，與母親分開的課題並不是特別困難，因為她可以清楚看出母親的價值觀和自己的明顯分歧處。但葛蕾絲要釐清她自己和朋友圈及伴侶的分別，就必須多費點心力。康納在學會如何完全誠實面對自己想要的生活，並且不顧父母反對去追求以前，他要花上數年的時間去克服艱困的難題。對丹尼而言，課題又不同了。事情並不是丹尼父親對他施加了不易察覺或明顯的壓力，也不是丹尼對自己的整體價值觀與父母的關係感到困惑。其實，丹尼的政治傾向多多少少與他的母親、繼父、父親一致，而且有點不可思議的是，他也不覺得和他們的信仰體系有太多牴觸。但是，和許多其他年輕人一樣，丹尼需要努力解決的問題，主要是在微妙、近乎神聖的自我認同——在一個被醫師告知診斷出躁鬱症，而且是遺傳自父親、終其一生都無法改變的情況下，他得解決這個問題。

在丹尼講述了他的診斷來源後，我們將那次治療剩下的時間都用來澄清他當時和之後的症狀。我想探究這樣的診斷結果，他是否覺得正確。

「你記得當時那位精神科醫師跟你說了多少有關這個診斷的事嗎？」我問丹尼，一邊把身體往前傾，手肘撐在大腿上。

「醫生解釋說，我遺傳了我爸的壞基因，我需要非常謹慎地服藥。」

「在你爸的事故後，**有沒有人**問起你當時悲傷或擔憂的感受嗎？或者問你第一次離家去念大學適應得怎麼樣？」

「沒有。」丹尼停頓了一下。「我想是沒有？」

我皺起臉來，低頭看著自己的雙腳。然後克制自己，抬頭看他。我努力保持客觀公正，卻失敗了。

「很抱歉，我流露出表情。」這回換我自言自語。「我覺得很難過，你沒有得到更多空間來處理當時你生命中發生的一切。我覺得很沮喪，你本來可能需要找人跟你談談，或是回答你關於你和父親之間的種種問題。可是我感到失望的是，沒有人和你談談。僅僅是先從這裡開始談也好，他們卻只給你一個診斷結果和藥物。」

「沒錯。」丹尼凝視著擺在大腿上的雙手，然後抬頭看我。「那麼做或許會有幫助。」

我停頓了一下，讓自己偏向保護丹尼及所有接受過快速診斷的青年的想法冷靜下來。一來這涉及到我個人對這份診斷的看法，二來他也不需要承擔我自己的沮喪。

精神疾病如同人格特質和身體缺陷一樣，當然可能會遺傳，但這種遺傳並非木已成舟的情況。不能將青年經歷的痛苦，都看成是在預示他們即將和父母面臨相同的問題。不幸的是，精神健康疾病的診斷往往是非常不完美且主觀的嘗試。對年輕人來說，生活起了改變是經常發生的事，不同的經歷時常會令人不知所措，因而會導致各種情緒起伏。這種狀況有可能是精神疾病的表現，或許能受益於藥物治療，但這也可能是在表示，一個人正在解決存在的問題、處理人生的大事。

丹尼抬頭看我，我們的視線交會。我深深呼出一口氣，微微一笑。

「妳不認為我有躁鬱症？」丹尼好奇地直接說出我的猶豫。

「聽著，」我有點吞吞吐吐地開口說，「我是認為，值得重新探討你是否需要服用這種藥物。根據你告訴我的，你拿到這份診斷結果時的狀況是極度悲傷、驚恐、孤單，也許因為你看見父親住院而心理受到創傷，當然，還有憂鬱。不過除了你父親的那份診斷結果外，我沒有聽到任何你會被診斷出患有躁鬱症的理由。」

「啊。」丹尼停頓下來。「對……嗯。」

「我不想倉促下判斷，不過在你被診斷的那段時間，被判定罹患躁鬱症的孩子和大學生的人數顯著增加，只為了試圖解釋他們發生了什麼事。需要說明清楚的是，確實有些**應該**接受藥物治療的人沒有服藥；同時也有很多、很多人因為診斷且接受藥物治療而受益。只不過，根據你告訴我的情況和你的感受，我不確定你是否會是受惠於診斷的其中一人。」

我不確定丹尼如何看待這件事，因此我往後靠在座椅上，給他多一點空間，再繼續說出最後一個想法。

「聽著，事實是**我**覺得很難過，看到有人正要展開獨立生活時，卻被診斷出疑似從遺傳得來且永遠無法改變的疾病，感覺就像帶著終生的詛咒。」

丹尼把頭歪向一邊，彷彿只用左眼看著我，有如好奇打量著路人的小鳥。

「這的確像是詛咒，」丹尼說。他再度把頭擺正，直視著我。「可是，我是說，難道不算是嗎？我的意思是，我爸酗酒又有躁鬱症。」

「嗯，這就是需要**你努力**的地方。只要涉及到酒精和藥物，你可能都需要非常小心。我們都能從了解自己的家族史和家族缺陷中獲益，不過你和父親仍舊是完全不同的人。至於基因方面，表觀遺傳學領域已經明確證實，基因並不像我們過去認為的那樣固定不變。我們所處的環境及我們對待自己的方式，很大程度影響著遺傳基因如何在我們的生活中表現。」

「嗯。」丹尼看起來若有所思且疲倦。

「我認為，我們有理由懷疑你那份診斷結果的準確度，以及你是否需要繼續服藥的必要性。最起碼，如果你願意的話，我認為值得找另一位能開立處方的醫事人員充分跟你晤談討論。我希望你在人生的**這個**時刻，能夠有機會釐清當時發生的事，以及你目前的狀況。」我停了一下。「你有興趣探討這個問題嗎？還是我們應該談到這裡就好？」

「不。」丹尼正眼回視著我。「我確實想要探究這個問題。」

身為心理治療師，我不開處方，但必要時我會盡我所能，介紹案主給可以和他充分討論症狀與目標的醫事人員。比起只關注家族史或當前症狀，我偏好與同時考慮營養、生活方式、創傷歷史及社群支持才開立處方的醫事人員合作。不幸的是，大部分會因為承保範圍參差不齊，以及精神科預約看診的等候時間漫長，要做到這點可能極為困難。不過那天，和丹尼在一起，我們運氣很好。我給了他一位專科護理師＊的名字，我和此人合作過，我很信任她。他們安排好在幾星期後初次看診，丹尼可以提出他所有的問題，並提供完整的背景資料。在那次治療中，他們都同意丹尼可以慢慢停止服用躁鬱症藥物。她給了丹尼如何減少劑量的明確指示，然後我們三人會密切監視症狀的變化，看看丹尼每週的感受如何。同時，丹尼在離開她的辦公室時，還得到了一些日常飲食習慣的建議，這些建議有可能促進他的消化能力。這都是實用、積極且有用的資訊，丹尼感到如釋重負。

「她辦公室裡也有一隻貓！」丹尼笑著說，「一隻又大又老的虎斑貓。」

我微笑著回應，非常感激有同事可以提供方便、人道的臨床支援，也慶幸丹尼能夠依靠別人的知識，一點一點地釐清他從父親那裡遺傳到什麼、沒有遺

＊Nurse Practitioner，取得進階資格後，可從事診斷、治療、開處方的護理師，又稱護理醫師。

傳到什麼。只要有適當的支援，年輕人就能夠成長，遠遠脫離父母的創傷。人們普遍認為這種事不可能辦得到，或者認為精神疾病的狀況是固定不變的，永遠不會改變或轉化。這種看法可能會妨礙必要的自我反思，阻礙在四分之一人生階段裡治癒及成長所需的動力。

丹尼除了與開立處方的醫事人員會面，以及每週和我合作的治療外，他還需要直接與他父親溝通。他覺得遺傳自他父親的，遠遠不止於診斷出的疾病而已。丹尼知道，關於在這世上如何當個男人這件事，他有許多根深蒂固的觀念，都是從他一生對父親的觀察中發展而來的——他看著父親喝酒，和朋友們開些粗俗的玩笑，以及試圖叫他參加那些總是令他感到不自在的聚會。但最主要的部分是，自從丹尼感受到父親給母親造成了壓力後，他便下定決心自己和女人的關係，不要像他多年來觀察到父親對母親那樣的關係。丹尼和我談了很多，我們探討有害的男子氣概，以及對他來說，**合理的**男子氣概可能是什麼樣子。我還給了他一些建議，包括請他嘗試與父親通信聯繫。丹尼想獲得一些答案，好能了解發生在他孩童時期和他父母離婚之後的事。他也想列舉出一些給他壞榜樣的男子氣概。事實上，他覺得他需要一些道歉才能繼續前進。

像這樣嘗試與父親對話，是一項勇敢的情感作業，目的是有意識地將他的自我意識與父親的分開來。然而，目標並不是進一步遠離他父親，或加倍努力地讓自己「不要像他那樣」。事實上，藉著嘗試與父親**靠近一點**，藉著努力去重新、深刻地**了解**父親，他反而更能了解他自己。

丹尼從寫一封長信給他父親開始，提出一些他從未問過的問題，陳述一些他從未表達過的事。丹尼不曉得他父親是否會回信。有一天下午，丹尼帶著一封他收到的回信來做治療，這個令人驚訝的禮物，正是他父親經過深思熟慮後的回覆：原來他自己也接受了多年的心理治療。丹尼並不知道這件事，他開始多了解一些父親的生活。最後，他們兩人開始通電話，儘管交談不見得都很容易，有時也需要丹尼承認自己的錯誤和誤解，但這些對話都賦予他們加深彼此的關係，並提供道歉、原諒的雙向管道。他們努力將彼此的生活分開，好讓他們**兩人**都能更充實地活在此時此地，透過有意識的**關係**相互連結，而不是透過同樣的過去、創傷或診斷連結。

獨自面對

「在她過世前幾個月，我們曾經去拜訪了一次，非常愉快。」蜜拉的聲音平穩但緊張。「那是在她剛接到診斷結果之後。我立刻飛回家，開始陪我爸媽去看我媽的醫生。」

「所以這診斷結果很令人意外？」我問。

蜜拉點了點頭。

我還在了解她母親在大約五年前過世的詳細情況。

「對，非常。她去世時才五十四歲。事情發生得非常——」蜜拉轉移目光，「發生得非常、非常快。」

蜜拉心不在焉地望著窗外的建築物和天空。她開始發自內心深處地回想。

「我想，我是第一個真正明瞭她即將死去的人。醫生說了一些治療選項，但我知道『第四期』是什麼意思。他們可以給你一些選擇，可是一旦像那樣進入肝臟……」她的聲音越來越小。

蜜拉低下頭，情緒激動得臉都紅了起來。她抓了一張面紙，只是揉成一團握在手裡，正在沉思。

「她從來沒有為自己著想過，」她低頭看著大腿繼續說，「我想我們都發現她有消化問題好幾個月了，但是她都沒說。她從來沒告訴過我們，她只是用她認為會有幫助的方式調整了飲食。」

我逐漸明白她母親極度剛毅、不依靠他人的個性，無論這是好是壞。

「坦白說，我不確定如果她告訴我們，結果是否會有什麼不同，」蜜拉繼續說，「她的癌症可能不管怎樣都無可救藥，不過光是想到她當時如果尋求協助，或是我父親堅持叫她去看醫生，情況可能會有所不同，我就感到生氣。」

我意識到蜜拉在三十出頭就能接受一定程度的心理治療，並且開始「面對心理上的課題」，是因為失去母親改變了她的一切。悲痛經常迫使我們反省人生。這種體驗沒人想要，但這種情感往往也讓人用全新的角度去看待一切。與康納不同，蜜拉追求穩定型的生活並沒有瓦解，她還是能夠維持衝勁。但過去五年來，失去的影響仍然在背後揮之不去。

「在妳母親過世後，妳從來沒有為自己的悲傷尋求協助嗎？」我問蜜拉。

她搖頭。

「我想我只是長時間處在『忙碌模式』，處理母親追悼會的安排協調工作，然後幫助父親度過他的悲傷，在母親走後給予他需要的一切協助。還有我哥哥，他開始失控，我必須設法讓他步上正軌。」

「肯定有很多事要忙。」

「忙瘋了。我想，頭兩年我都過得恍恍惚惚的。當時我大多數時間也在工作，有時候實在太悲傷了，不得不打電話請病假。」蜜拉吐露。「但大多數時候，我只會在下班後淋浴時哭泣。」

蜜拉從邊桌上拿起放涼的茶，啜飲了一口。

「妳能跟我多說一點妳母親的事嗎？」

她吞嚥了一下口水後點頭。

「她為我和我哥而活，但也不是很可悲的那種。我想她真的很樂於當個全職媽媽。她喜歡烹飪，也喜歡打牌，星期四晚上她都在家和我阿姨們玩牌。她們會各自帶一道菜來分享，一些印度菜，我母親總是負責饢餅和印度茶。她好喜歡那些晚上聚會！她們會打牌到深夜。我爸會自己一個人上床睡覺！」

講到這些回憶，蜜拉大笑起來，我也跟著她笑了。但是很顯然地，儘管那段回憶很快樂，她卻深陷在沉思中。

當父母過世或無法進行關係交流時，分離的課題看起來就會非常不一樣。康納必須學會和父母溝通、設定界線；丹尼與父親開始進行深入的修復工作、重新建立關係；葛蕾絲和她的伴侶對談過無數次。雖然蜜拉可以和她父親聊聊，但卻再也無法和母親一起處理過去的事，或者問起關於母親的問題。有些事她希望自己曾說出口，有些人生大事她希望母親能看見。

我的一些案主想跟父母分離，但他們的父母卻因為種種原因不在身邊：身陷囹圄、自殺或他殺身亡、拋棄家庭，或者性格過於粗暴，這些因素使得分離過程需要設定牢固的界線，而不是任何形式的對話。當父母過世、不在身邊，或是從一開始就不在的時候，在四分之一人生中的分離，就意味著要透過留下來的回憶、故事或實物，有條不紊地進行身分認同發展的工作。有時，這表示要調查家庭、詢問其他人的記憶，或者閱讀舊書信和日誌來尋找答案，解答關於那人事蹟的迫切問題，或是尚未成形的直覺。這是個非常艱難的過程，因為在憤怒、悲傷、痛苦、喜悅的感覺出現時，沒有對象可以爭辯、提問或請求原諒。當你想改變人生方向的時候，身邊沒有人跟你說「沒問題」，也沒有人給你祝福。當你強烈需要人家道歉的時候，沒有人會說「對不起」。蜜拉必須靠自己解決這部分的問題。最迫切的是，她需要允許自己開始將母親對她人生的期望與她自己的渴望鬆綁。

「她對我有別的期望。」蜜拉臉上的表情明朗、坦率。

「這是什麼意思？」

「只有我和她在一起的時候，身為家庭主婦和全職媽媽的她告訴過我好幾次，她希望我擁有自己的事業。她在印度年紀輕輕就結婚，並沒有這樣的機會。她希望我過著充實、需要腦力勞動的生活。」

「她有沒有具體說過，希望妳從事哪方面的職業呢？」

「不，不算有。某種程度上，家族的看法依舊是應該『找個好的印度男人結婚，』」蜜拉說，她換成印度口音來強調。「但我知道那只是表現給別人看的。我爸媽的想法比較先進，尤其是我媽，並不真的想要我過那種生活。」

「所以她很高興妳去念法學院？」

「她高興極了。她在我法學院的畢業典禮上哭了。每次我拿到好成績、得獎的時候也都要慶祝一番。她真是不可思議。」

蜜拉此時更加不掩飾地哭泣，將手裡的面紙拿到眼睛旁，呼吸急促了起來。

「可是如果我不想再當律師了呢？」

現在蜜拉將她最關心的問題，直截了當地攤在桌上。

「妳不想再當律師了嗎？」

蜜拉搖了搖頭，然後低聲說：「我不想當了。」

「妳曾經想當律師嗎？」

蜜拉再度搖頭。「不曾。」

Chapter 7

傾聽

密切注意內心疾呼的渴求

你能聽到自己的感受、渴望和需求嗎？

傾聽，是四分之一人生的第二根成長支柱。青年除了要培養勇氣和能力，與不再適合他們的人際關係及觀念分離之外，還需要將焦點轉到學習傾聽自己，開始認真對待自己聽到的聲音。學習傾聽自己，表示得去聆聽、理解各種非語言的訊息，例如：直覺、感受、身體感覺、同步性、沉默，以及夢。主流文化獎勵物質上的成功以及一定程度的從眾，然而心理成熟需要的是發展一個人天生的獨特性。說來諷刺的是，獨特性是透過與自己的**關係**磨練而來的，是一種傾聽自己的渴望和需求的理解能力。有些人可能很快就淺薄地把這個詮釋為自戀，但這麼做的目的絕非如此。真正的見證自我，需要完全的誠實、十足的謙虛，以及決心傾聽內心的指示，即使內心指示與現狀背道而馳。

我們每個人都有一副值得學習的身體。我們的脊髓與中樞神經系統相接，調解內部與外在世界的關係。我們的感官不斷過濾覺察到的訊息，持續敏銳地提供我們對周圍環境的認識。學習解讀這些由身體提供的線索，讓直覺的經驗更明白易懂，將有助於傾聽自己的行動。與自己的感官知覺和內心世界連結得越緊密，就越能發現並走在自己獨特的人生道路上。

此外，練習傾聽對每日的身心健康和確定方向也有幫助。我們都經歷過一些「起起伏伏」，有如我們遠離了自己的身體：當我們感覺「高亢」到危險的程度時，內心彷彿經歷了暈眩；有些時候，我們則感覺沉重「低落」，好像幾乎站不起來。更有時，我們感到「打滑失控」或「迷失方向」；有時，我們會容易覺得情緒「氾濫」，或是擔心自己可能會「失去控制」，難以「保持冷靜」。當狀況感覺比較好時，我們會覺得自己「理智」、「平衡」或「集中」。我們可以注意一下，別人的一句評語或一個眼神，會如何「擊倒我們」或「鼓舞我們」。我們也可以學著注意，每當我們有這些感受時，什麼事可能會引發變化，下次我們又能採取哪些不同的行動。

有時需要耐心和獨處的時間，才能好好去回想或感受，自己是什麼時候開始感到「不穩定」。注意這些事情，有益的訊息就會顯現：未來可以關注什麼來增加穩定性和滿足感？可以設定什麼樣的界線？可以和自己或他人參與什麼有趣的體驗？可以調整哪些飲食或睡眠習慣？我們越能察覺自己的內心狀態，了解什麼事可能會引發危險的情緒崩潰或膨脹，我們就越能將照顧心理健康當成是一種**練習**。這是可以鍛鍊、改善的東西，而不是純粹深受其害，需要仰賴別人提供答案。

在童話故事中，傾聽的能力經常是區別英雄與其他角色的關鍵。當受到詛咒的狗吠叫時，英雄能夠明確地聽到別人聽不到的求救聲，得知該如何解救牠，從而獲得狗兒保護了幾世紀的寶藏。當鳥兒來幫忙英雄完成不可能的任務時，英雄樂於接受協助，不會害怕或惱怒地驅趕牠們。這些時刻考驗英雄是否有接受的能力，而不僅僅是擁有努力、毅力或勇氣。英雄是傾聽動物說的話，還是嘲笑牠們？是接受匆忙奔跑的螞蟻協助，還是踐踏牠們？這些故事探究英雄聽從潛藏智慧的能力，而這些智慧經常隱藏在非理性或不合邏輯的地方。

傾聽自己是為了找到方向，恢復自己的本能。「路克．天行者」*在訓練、練習使用「原力」時正是如此。一旦路克可以和這個永遠存在的神祕**力量**連結，他就學會去信任超出他腦中所知的一切。這兩種認知方式的合作，是一種直覺與理性知識的結合，賦予了「絕地武士」**力量和智慧。這些虛構故事引導我們走向獨立的生活，過著不再只是遵從權威的人生，而是透過洞察力、自知、自重來做決定。這項工作可能會被譏笑為「軟弱」、「敏感」，但實際上需要非凡的技能。

經由傾聽獲得的知識，往往與主流文化的要求背道而馳，通常會吸收到更多與原住民和性別酷兒＊＊＊相關的知識。對大多數人而言，適當的傾聽需要自我謙虛，並且要時常接受那些被父權與白人至上的人視為「荒誕」或「怪異」的事。事實上，學習傾聽甚至可能需要投入一些占卜活動，例如：占星術、塔羅牌、《易經》，或者類似的心靈或宗教儀式；也可能代表要和土地、動物、植物培養更密切的關係。寫日記、做夢、活躍地想像、冥想或單純地獨處，都可能有助於學習傾聽。另外，學習傾聽經常需要減少外部的噪音，像是：少參加社交活動、少用科技產品、多睡覺、治癒創傷及癮頭，這些創傷和癮頭會讓

＊科幻電影《星際大戰》正傳三部曲中的主要角色。

＊＊《星際大戰》裡的光明武士團體，精通原力的相關知識及技巧，懷有高明的戰鬥技能與高尚的品德。

＊＊＊Genderqueer，指超越傳統上對男性或女性二元劃分的自我性別認同。

人的意識模糊不清，並改變傾聽或表達個人需求的能力。無論用什麼方法，我認為這項練習就像豎起天線，收集生活中以前不容易聽到的資訊。

不過，傾聽也需要**洞察力**，而不只是盲目的信任。洞察力的定義是「清楚判斷的能力」，或者「對東西的品質做出良好判斷的能力」。這是把自己當成可靠的過濾器的能力。那些支持反文化信念並加以實踐的團體或運動，往往也和主流文化一樣，對真心學習傾聽自己的工作是有害的。

最後，練習傾聽可以讓人生的決策變得簡單。青年在面臨決定時經常不知所措，因為他們不知道該聽誰的或哪一種聲音。心理成熟——以及由心理成熟的人所組成的健全社會——當中的基礎，是獨立思考的能力，能夠不管周遭的人所認為的「對」或「錯」，自己可以分辨是非。在歷經多次的嘗試錯誤後，最終目標是能夠傾聽自己內心的線索，而不會感到緊張或擔憂，就像絕地武士感受到原力一般。

治療創傷

「妳覺得那和我的失眠有關係嗎？」

這是葛蕾絲搬進單人套房幾個月後的事。她很滿意這個決定，從各方面來說，能擁有獨處的時間讓她感到寬慰。可是她依舊睡不好，夜裡獨自一個人感覺十分難受。我們更深入地研究了她的創傷歷史，探討她二十年來揮之不去的壓力，為何有可能導致她失眠。

「我認為，由於種種原因，妳的童年過得提心吊膽而艱難。」我沉思著回答她有關睡眠的問題。「我想妳的身體不確定什麼時候放鬆是安全的，或者不太知道該如何放鬆。」

葛蕾絲似乎在思考我說的話，但是看起來心存懷疑。「可是遇到這種情況的人不是很多嗎？我的意思是，在小時候擔驚受怕？」

我點點頭。「多得不得了。」

「那我的問題是什麼？」

「嗯，每一個孩子的孤單和痛苦，並不會因為同時有一千名孩子正在受苦而改變，對吧？」

葛蕾絲點頭，在座位上動了動。「我們生活在亂七八糟的世界裡。」她沮喪且嘲諷地翻了一下白眼，然後脫掉鞋子，將穿著襪子的雙腳蹺到椅子上。

「我想就是那樣吧。」葛蕾絲停頓下來，努力整理思緒。「只不過，我是說，我明白妳的意思，但情況並沒有那麼糟呀！」

「妳是指妳的童年？」

「對！又不是像生活在真正的戰區之類的。」

「是沒錯。」

「我的意思是，不是每個人都經歷過苦難嗎？」

治療師通常很熟悉在探究案主的創傷歷史時，他們會提出這種不確定的抗議。多數人在和別人比較時，似乎很難承認自己的痛苦。這是我們受傷害時保護自己的防禦系統之一，將「情況本來有可能更糟糕」當成防衛。同時，其他的青年也不想面對自己創傷歷史的嚴重程度，因為他們認為這麼做會讓自己看起來或感覺很軟弱。

「妳聽說過ACE問卷嗎？『ACE』是Adverse Childhood Experiences（童年逆境經驗）的縮寫。」

葛蕾絲搖了搖頭。「沒有，我沒聽說過。」

「這是一系列簡短的問題，簡單地說，可以協助妳確定自己在成長過程中承受了多少壓力。」

葛蕾絲揚起眉毛。

「妳現在想和我一起做問卷嗎？」

「當然，」她一面回答、一面將左肩聳起來。

我拿出十個問題，開始和她一起討論，大聲唸出每個問題。

「在妳十八歲生日前，妳的父母或家中其他大人，是否經常或總是咒罵、侮辱、貶低或羞辱妳？或是表現出讓妳擔心身體可能會遭到傷害的行為？」

「等一下，重唸第一個問題好嗎？」現在葛蕾絲把兩腳放下，身體坐直，充滿警覺和好奇。

「在妳十八歲生日前，妳的父母或家中其他大人，是否經常或總是咒罵、侮辱、貶低或羞辱妳？」

「哈！」葛蕾絲大笑出聲。「哦，是啊……」她把最後一個字拖長，一副準備開始唱歌的樣子。「是的。每時每刻。」她又開始大笑起來。「哦，這太簡單了！」

隨著我們繼續回答每個問題，葛蕾絲的態度緩和下來，開始沉思。

「家中是否有成員罹患憂鬱症或精神疾病，或者是否有家中成員企圖自殺未遂？」

「是的。」

「妳是否經常或總是覺得家人沒有互相照顧、支持，或彼此並不親近？」

「是的。我想是吧，沒錯，這是事實。」

她又回答了好幾次「是的」。到最後，葛蕾絲的ACE得分是七分（滿分為十分）。分數越高，童年的「逆境」越嚴重。

ACE問卷是個簡單、實際的量化指標，沒有任何修飾語或防衛的辯解，幫助葛蕾絲自己看清她的成長歷程有多麼痛苦。當她想再次主張「情況並沒有那麼糟！」的時候，我們就可以慢慢分析——有時用開玩笑的方式，有時是嚴肅認真——倘若她的ACE得分是七，而且她不希望她經歷過的任何事發生在另一個人或動物身上，那麼所謂「沒那麼糟」的意思是什麼。雖然葛蕾絲還不願承認，但她的童年確實充滿混亂和不確定性，她有層層的依附創傷需要修復。

葛蕾絲從很小的時候就陷入創傷反應的狀態。她在學校裡痛苦掙扎，或者感覺事業前景遭遇困境，這些都不是來自她天生的性格特質，而是起因於她總是埋藏在心裡、累積多年的悲傷和恐懼。她擁有令人難以置信的韌性，學會用自己的方法生存茁壯，而不去治療她的創傷。但是，這種支撐一個人得以度過童年的韌性，通常到了四分之一人生就會開始減弱，此時我們天生的防禦能力逐漸耗損，先前隱藏的各種症狀就會開始浮現。對許多有長期不斷的壓力和創傷歷史的青年來說，這階段的最初幾年有如在洪流中游泳的前幾分鐘。雖然可能感到很困難，但也會讓人充滿活力。然而，隨著時間過去，疲勞就會不可避免地出現。在「僵住狀態」下，許多青年花費極大的力氣維持韌性，直到疲憊感在似乎奔流不息的人生河流中逐漸升高，韌性開始瓦解，揭露出底下層層的絕望與恐慌。很快地，他們就會被沖到下游。假如一路以來背負著或大或小的創傷，學會傾聽自己就是創傷治癒過程裡的核心要素。但是，過往創傷和有害模式的聲音，將會和來自身體與需求的可靠聲音競爭。所以我們得認真努力地闡明、解開內部的訊息，因為四分之一人生不需要感覺像是不斷地逆流而上。

像葛蕾絲這樣追求意義型的人，也可能被感官和直覺的訊息壓垮。因此，練習傾聽也包含練習分辨該聽**什麼**。有些人利用藥物或酒精幫忙緩解感官的超載，如同葛蕾絲使用大麻助眠。她時常因為受到過度刺激而難以保持專注，過了一週又一週後，她就會像表演結束時的木偶一樣垮掉。倘若她想傾聽自己、了解自己的需求，她就需要更多的寧靜與空間。

「我記得我很早就開始恐慌發作，」葛蕾絲透露說，「只是當時我不知道那叫什麼。」

葛蕾絲厭惡地吐了一下舌頭，在座位上扭動身體。她將膝蓋拉到胸前，白色的長筒運動襪對著我。

「我甚至無法——」她停頓了一下，「老實說，我甚至無法相信自己能夠撐過來。恐慌發作實在太可怕了，而且經常發生。我媽說那是『葛蕾絲的把戲』。她會對著我把臥室門砰地關上，把我鎖在房門外。」

「那時候妳幾歲？」我問她。

「我想可能是在我爸離開、我們搬家後開始的，不過到我上高中時變得非常嚴重。在我退學之前，也許是十四歲？十五歲？」

「高中時發生了什麼事？」

「嗯……」

葛蕾絲向我傾訴，上了高中的她當時才十幾歲，就因為別人誤以為她濫交而遭到無情的公開羞辱。

到了高中時期，性慾是全新的領域，性別角色的嚴格定義開始控制著社會動態，這種針對年輕女性和同性戀青年的性別化、偏見、辱罵的欺侮行為極為常見。我經常從案主那裡聽到類似故事，也有年輕男性述說自己為了努力跟上老派的蠻幹逞能而精疲力盡，他們對自己的行為感到羞愧，或是本身遭到了羞辱和欺負。

葛蕾絲經歷過的羞辱非常嚴重。發生在校園裡的騷擾，逼使她曾在退學前企圖自殺過一次，這是一種出於自衛本能的行為。

「我想，關於我的流言是一個男孩子起頭的，我在約會時跟他接了吻，但我不想再見到他。我並不是真的喜歡他，妳明白嗎？我只是還在試著搞清楚，我究竟喜不喜歡男孩子。」

雖然察覺到自己可能喜歡女人，葛蕾絲還是試著跟男孩約會了一陣子來轉移注意力。她對於自己是同性戀感到十分羞愧，被同儕的騷擾搞得不知所措，但她在人際關係中又被徹底孤立，因此儘管發生了這些事，她都沒有試著求助。她覺得沒有人會保護她。在退學前後那段時間，恐慌發作似乎占據了她的生活。

「我會靠著我媽臥房的門躺下，就貼在門縫上，以便盡可能地靠近我母親，儘管她不想面對我。我想，那是我唯一知道可以盡力安慰自己的方法。我只是不想要孤單一個人。」

葛蕾絲的身體現在緊緊縮成一團，雙臂環抱著膝蓋。

「我討厭自己變得那麼瘋狂，但我不知道該怎麼辦。我總是忍不住哭了起來。我一直覺得自己好像快要死了。」

「我很遺憾，」我輕聲說。

「我覺得皮膚好像在嗡嗡作響。」葛蕾絲看著我低聲說，將我們帶回到現在這一刻。

我明白她說的嗡嗡作響是什麼意思。

「我們站起來吧，」我提議道。

葛蕾絲把雙腳放到地上，又在椅子上扭動身體，拱起肩膀和背部，像一隻準備戰鬥的貓。我站了起來，她跟著我做。

「我要請妳用拳頭打那顆枕頭。」我看向葛蕾絲剛才靠著的那顆大枕頭。

「打它？」

「對。說真的，我希望這裡有拳擊沙袋，不過就先利用現有的東西吧。」

葛蕾絲懷疑地回視著我。

「別想太多，好嗎？打就是了。如果妳覺得這麼做很安全，那就猛打那顆枕頭，好像妳真的對它生氣似的，直到我叫妳住手才停。」

「好吧，」葛蕾絲困惑地說。她深吸一口氣，開始隨意地擊打枕頭。

「快一點，」我下指示。「好像妳很生氣的樣子。」

我們合作一年多了，即使像我現在這樣提出一些奇怪的建議，葛蕾絲還是信任我。她打得更快一些了。

「用力一點！」我指揮說。

葛蕾絲開始越來越用力地擊打枕頭。不久，她理智上的不情願消退，她全心全意地投入，身體和拳頭迅速行動，力量和能量在房間裡顯現出來。然後，突然間，她啜泣起來。

葛蕾絲的眼淚開始落下，拳頭慢了下來。

「可以的話請繼續下去，」我柔聲鼓勵她，「試著邊流淚邊繼續打。」這種來回的動作，除了釋放身體，對於情緒處理也非常有益，特別是在悲傷時還能維持這動作一會兒的話。

葛蕾絲不停地擊打枕頭直到慟哭跪地，我陪她一起跪下。她一直哭一直哭，我伸手撫著她的背。

「發洩出來吧，」我溫柔地鼓勵她，「沒有必要忍著。」

幾分鐘後，葛蕾絲開始用一包面紙擦拭眼淚、擤擤鼻子。我們坐回椅子上，默默地看著對方。

「那是什麼？」葛蕾絲問我，對這不知從哪裡冒出來的感覺感到驚訝。

「那是一種釋放創傷的方式，」我表示。「妳的肩頸多年來保留了非常多的『戰鬥』能量。我猜妳很想狠狠踢高中時的那些人，好能夠保護自己，但妳卻沒有辦法。所以，那股能量就一直困在妳的身體裡。」

葛蕾絲又擤一次鼻子，哈哈大笑起來。

「那股自我防衛的能量，在派不上用場時就會困在肌肉裡。有很多出色的研究在深入探究如何釋放身體裡的那些創傷經驗，這樣一來，妳就不必帶著那些創傷到處走。」

「太好了，我」——她精疲力竭地抬頭看我——「我好累，好像累壞了。」

「嗯，我相信妳一定累了。妳現在可以回家睡個覺嗎？」我問。

她點點頭。

「回家，喝一大堆水以後睡覺，」我鼓勵說，「今天剩下的時間盡量遠離各種物品和手機。這是一次大釋放，妳需要給自己空間去代謝掉一切。」

「好。」葛蕾絲點頭。「該死的。不過，這感覺很好。」

「嗯，我敢肯定。」看到她臉上如釋重負的表情，我笑了。

我為案主使用的治癒創傷技巧種類繁多，是根據多位治療師的研究改進而來的，例如：法蘭芯．夏琵珞（Francine Shapiro）的EMDR（眼動減敏與歷程更新療法）；彼得．列汶（Peter Levine）的身體經驗創傷療法；以及其他在這領域的佼佼者，如貝塞爾．范德寇（Bessel van der Kolk）、雷斯瑪．梅納肯（Resmaa Menakem）、茱蒂絲．路易斯．赫曼（Judith Lewis Herman）、史蒂芬．波吉斯（Stephen Porges）與嘉柏．麥特（Gabor Maté）。

有時候，葛蕾絲和我會利用她手裡的握力球或長袖運動衫。她坐下來時，我會鼓勵她同時握緊兩邊的拳頭，活動肩膀和手臂來釋放緊繃的狀態，就像貓在蜷縮身體睡覺前會揉捏毯子那樣。漸漸地，葛蕾絲在治療過程中找到了她自己的節奏，動作時快時慢，有時則站起來擊打枕頭。這動作不一定每次都能讓她大大地釋放，不過通常可以讓她平靜下來。為了幫助困在葛蕾絲雙腿裡的「逃跑」能量，我也教葛蕾絲做瑜伽動作中的「馬式」，這姿勢類似騎馬，背會挺直、膝蓋會彎曲。我想讓葛蕾絲有一些她自己隨時可以做的動作，在她想太多或感到焦慮時幫她鎮定下來。馬式有助於將困在胸部和肩膀的焦慮，往下移到核心、大腿和雙腳，在那裡可以更有效地處理並釋放焦慮。我鼓勵葛蕾絲在悲傷、焦慮或憤怒嗡嗡作響的能量在她全身翻騰時，容許她的身體隨時**搖晃**。彼得・列汶是以身體導向療法治癒心理創傷的權威專家，他發現**搖晃**或顫抖是一種自然釋放創傷的方式，尤其是在哺乳動物和鳥類之中。人類往往因為尷尬、困惑或恐懼，而壓抑搖晃身體的自然傾向，但這是身體用來預防陷入戰鬥、逃跑或僵住狀態的一種簡單且本能的處理方式。

葛蕾絲非常積極地照顧自己，考慮到她必須治癒那麼多的創傷，我很高興她這麼做。我想幫助她學著關注自己的身體，以及埋藏在肌膚裡的無意識記憶，包括那些展現韌性的記憶。我們的目標是將那些令她不知所措、未經處理的記憶，移到她能把這些代謝掉的地方，就像透過睡眠和做夢能把其他記憶或經驗「消化」掉那樣。與其把這些記憶當成有害的侵入者來對抗，她的身體不如開始把這些記憶視為食物，吸收完營養就排出廢物。最後，這些記憶可以讓她變得更堅強。這是心理鍊金術：將童年的混亂轉變成創造、感情上的黃金。這不是什麼浪漫的工作，但展開後的效力相當強大。列汶寫道：「儘管創傷是人間地獄，其解決辦法卻可能是來自神的禮物。」在我看來，所有創傷知情療法及一般心理治療的目標，應該都是讓案主能完全脫離傷害，並在物質世界中**實際體驗**到自由、自主和**喜悅**。對許多像葛蕾絲這種追求意義型的人來說，這是讓他們相信世界此刻足夠安全、容得下他們的旅程之一。

經過一段時間後，葛蕾絲逐漸睡得好一些。她開始重視用新的方法照顧自己，尤其是開始練習傾聽自己何時需要獨處、何時需要和朋友在一起，這對於曾經非常在乎身邊是否有人、害怕自己獨處的人來說，是一件困難的事。

「我最近每天至少散步一個小時，」葛蕾絲向我吐露，讓我知道她近期對每週的例行活動做了什麼改變。「那真是讓人放鬆的活動。我帶著手機聽音樂，但關掉所有通知，以免被打擾。」她在練習獨處而不感到寂寞。

「那聽起來棒極了，」我沉思後說，「而且感覺很平靜。」

「的確是那樣，非常平靜。我甚至不一定一直走，有時只是看著人家院子裡的花，或是開始和路過的小狗聊天。」她咯咯笑著說。「有時我只是躺在我家旁邊的教堂裡的花園，凝視著樹木。」

想像她在草地上從容自在的景象，我就覺得開心。

「我很喜歡呢。」我微笑著說。

傾聽另一面的聲音

「這真是奇怪。多年來，我一直慶幸自己不像哥哥，現在我卻擔心自己會變成他那樣。」蜜拉咬著內唇，盯著窗外。外面正在下傾盆大雨。

「跟我多說一點吧。我還不太清楚你哥哥的事。」

「他非常聰明，可是他差點連工作都保不住。我爸一直很擔心他。我是說，我也擔心，不過……」蜜拉的臉上露出惱怒的神色，「我只希望他能振作起來。」

「那現在呢？」

她正在沉思某件事。

「現在，我只是比以前『了解他』而已……」蜜拉繼續凝視著雨絲，似乎要把事情想個透澈。

顯然地，蜜拉與她哥有典型的手足分歧：一個是追求穩定型，另一個則是追求意義型。兄弟姊妹在成長過程中彼此競爭，終生互相評斷、羨慕是常見的事。一個建造磚牆保護自己，砌起牢固的壁爐來預防火災；另一個則不顧風險趨向體驗火焰的溫暖。前者可能看起來冷淡卻較為穩健，後者可能看起來熱情但好像不得要領。儘管不同的人肯定會有不同的表現，但是這種兩極化存在於所有類型的家庭，從低收入戶到中產階級，再到我先前探討過的英國王室的成對手足。

追求穩定型的人輕視或擔心他們追求意義型的兄弟姊妹，這種情況並不罕見。追求意義型的人可能難以保住工作或維持伴侶關係，這只會加深追求穩定型的人的擔憂，同時更加鞏固他們自己不要和手足一樣「失常」、「令人尷尬」或「瘋狂」的決心。結果就是，像蜜拉這樣追求穩定型的人，可能就是不斷地築牆來遏止混亂，卻發現他們其實是在自己周圍建起一道牆：他們感到孤單、無聊，而且在如此努力後並沒有得到預期的、清晰分明的感覺。到了這時候，他們可能才會看出追求意義型手足的價值取向的重要性。他們可能會開始羨慕自己的兄弟姊妹勇於冒險，並且似乎不擔心別人看法地生活著。蜜拉在思考她哥哥的事情時，開始想知道他的瘋狂行為是否有什麼意義。

「我現在明白他是在追求我們兩人童年時期缺少的東西，」蜜拉繼續說。「我一直努力照父母的期望去做，並且因為他沒那麼做而瞧不起他。我不是有意的。可是我領悟了，他是在試圖弄清楚自己是怎樣的人、自己喜歡什麼。」

我專心地傾聽蜜拉闡述這個想法。

「我想，也許我一直不滿他那麼自由自在，是因為我好像很害怕毫無秩序的生活。他有信仰、有信念。當然，他不一定是對的。」蜜拉翻了個白眼。

我笑了笑。

「可是他在乎想法，總是跟隨自己的心。」

在她說話時，我看出蜜拉的哥哥也許可以提供我們一張路線圖，讓我們一點一點地理解她避而不談的渴望。談到她哥哥，讓我們兩人都能想像那種「混亂」或神祕，這有助於平衡她的秩序。

蜜拉依舊每週工作七十個小時，似乎沒有其他熱衷的愛好或興趣。她幾乎從幼兒園開始就把自己逼得很緊，總是班上第一個舉手的人。她「穩健成功」、「掌控一切」，但現在她的基礎開始出現裂痕。

她到我這裡治療了八個月左右。整體而言，她覺得與丈夫湯姆沒那麼疏離了，也比較少關在自己的世界裡，那個湯姆幾乎不了解、甚至不知道的世界。她和他談了好幾次，解釋她在心理治療中學到了什麼。不過，他們談了更多她從未向他吐露的事情，而湯姆能以她前所未有的想法來看待她的感受。隨著蜜拉繼續將自己與母親對她的期望分開，她就必須持續地探索自己想要什麼。現在，她知道自己從來不曾想要當律師。但是，她到底想要什麼尚未明朗。

每次治療時，我們都一起傾聽蜜拉理想人生的具體細節，一點一滴地收集資訊。在蜜拉練習傾聽靈魂的自我時，我們需要明確的人物、形象和想法。那是另一面的她，在某種程度上，這些年來她一直讓哥哥背負著她的這一面。她必須讓那部分清楚地表達出來，而不是將這聲音塞到工作或無意義的干擾中。

對她哥的事情了解更多以後，我決定就從我們所在的位置開始。

「我對妳可能選擇的另一條路非常好奇。在某種程度上，那一面的妳，就是妳現在看見妳哥所過的生活方式吧。我們可以一起探討那方面嗎？」

蜜拉點點頭。「當然。」

「好吧。」我轉過身，從旁邊的老舊小櫥櫃裡拿出一些紙筆。「妳可以畫點東西嗎？」

蜜拉再度點頭，伸手接過我手中的筆和寫字板夾。

「一開始先畫兩個線條人。紙的兩邊各畫一個。」

「只要畫線條人就好嗎？」

「對，暫時先簡單一些，」我回答，「我會問妳一堆問題，我們再把答案填寫上去。」

蜜拉拿了一支藍綠色的筆，畫出兩個線條人，一個在右一個在左。

「好，很好。現在，花點時間去深入感受我們談過的，關於妳自己的那兩面，」我告訴她，「請試著真正去了解。據我所知，有一面的妳是大家知道的：律師和妻子。還有另一面是我還在了解的，例如：那個喜歡旅行、喜歡衝浪、感覺比較像她哥哥的單身女子。」

蜜拉注視著那張紙，彷彿腦中已經開始充斥著各種想法。當我再添加指示時，我幾乎覺得自己好像在打斷她。

「把妳的兩面分配給不同的線條人，然後開始寫下對每個人的描述。」

蜜拉咬著臉頰內側，盯著那張紙，然後低頭開始書寫。

「只要單詞就好了嗎？」她再度抬頭看著我。「描述的詞彙？」

「對，單詞。妳想寫什麼都行，任何妳想到的詞彙。盡可能把她們想成是妳內心裡兩個真實的人。想想她們可能會怎麼穿著、從事什麼工作，愛情生活又是什麼樣子，以及她們可能生活在世界的哪個地方。就把她們當成真實、獨特的人來探究，看看會出現什麼。」

我尚未說完蜜拉就動筆了，過了好幾分鐘，她寫下心裡想到的東西，在兩面之間來來回回。紙上寫滿了藍綠色的字，她思考時手中的筆不時敲著大腿。

「好了。」蜜拉放下筆，抬起頭來。

「好極了，我們就從分享妳注意到的開始吧！」我敦促她。

「嗯。」她開始說：「她們截然不同。這個是企業律師，對吧？她擅長分析，非常聰明。她支付自己所有的帳單，妳知道嗎？她很可靠。已婚。她有間房子。她喜歡去農夫市集，我是說，**我**實際上沒去過，不過我覺得她會去。」

「太棒了。那另一個呢？」

「這個人散漫多了。她比較像放蕩不羈的藝術家。她在城裡某處有間閣樓公寓，她中午在陽光下吃午餐。她有點付不出房租，不過她似乎不怎麼擔心？她有很多朋友，她每天作畫。她穿著工作褲卻沒穿襯衫，只顧一個勁兒地畫畫……」

我挑起眉毛。「她聽起來好酷。」我評論道。

「對……」蜜拉陷入自己的思緒，聲音越來越小。「我曾經想當畫家。」

「**真的嗎？**」我甚至從沒聽過蜜拉提起藝術。

她點了點頭。

「後來怎麼了？」

「那麼做似乎不太實際，妳知道的，誰真的靠畫畫為生？」

「妳還在畫畫嗎？」

蜜拉搖搖頭。「我高中三年一直在畫，但到大學上了幾堂課就停了。繼續畫下去就是沒什麼意義。」她停頓下來。

我等著。

「我的大學教授告訴我，我應該考慮真的從事這一行。在那之後，我就再也沒有報名參加其他繪畫課了。」

「因為妳嚇到了？」

「對，我想是吧。那感覺就像，如果我再繼續下去就會被鎖在裡面。我會太過喜歡畫畫或什麼的。我知道自己不能想要那樣的未來。」蜜拉低頭看自己的雙手，她又長又直的黑髮落在肩上。

「但是妳很想念作畫。」我沉思後說。

蜜拉的眼睛盈滿淚水。「是的。」她很驚訝自己的情感湧現。「我想我是真的很想念畫畫吧？」她撥開臉上的頭髮，往後靠著椅子坐好。

看見蜜拉的臉激動地漲紅，我感到寬慰。當她眼裡含淚釋放出這些記憶時，她像是和我一起存在於這個房間裡，她以前很少這樣。這是一種激情，是她談到旅行時我曾看過的火花，是她融化那堵冰牆所需要的熱度——那堵牆將她與世隔絕、讓她跟自己無法有更深層的關係。我們在尋找她追求意義那一面的所在之處，以及帶給她實際體現的感覺和目的感的東西。蜜拉正在傾聽。

「妳覺得妳能為這兩名女子取名嗎？」我看著她那張紙問。

她考慮了一下，寫下兩個名字，一邊一個。

「律師這個叫『珍妮佛』。我也不太清楚為什麼，不過這個名字感覺很像她。」她突然想到什麼大聲笑出來。「我想，她就像我趨近於白人的自我，與我比較美式、在郊區成長的那一面十分相像。」

「比較像是妳為了融入而學會的那些東西？」

蜜拉點頭表示強烈地同意。「一點也沒錯，她非常努力地融入。」

「那個畫家呢？她叫什麼名字？」

「畫家叫蜜拉貝。」她說這句話的時候臉紅了，然後哽噎著再度開口說話。「哇，這真是太奇怪了！我簡直不敢相信我竟然會那麼激動！」她深深吸一口氣。「反正，她叫蜜拉貝。那是我家人對我的稱呼。」

「蜜拉貝。」我沉吟著說。

此時的蜜拉看起來跟之前不同，即使在激動狀態下也顯得放鬆許多。她現在展示的生活吸引著我。那種感覺在她整個人和房間內翻騰。我們比以往更輕鬆、更能感受到彼此的存在。

「所以，」我停了一下，直視著她，「妳認為妳現在的工作是要幫助蜜拉貝茁壯成長嗎？」

蜜拉點點頭。

「妳認為如果蜜拉貝不茁壯起來，妳就不會成長嗎？」

蜜拉再度點頭，用掌根抹去眼淚。

在意味深長、充滿活力的靜默中，我和蜜拉一起坐著。某件富有影響力的事情正在發生，連結正在建立。

我發現這樣簡單的練習有極大的潛力，可以幫助人們體驗自己內心的內戰，也就是在追求穩定面與追求意義面之間的掙扎。拘謹的追求穩定型如果很難找到方式傾聽自己的內在訊息，這樣的練習就會非常有用。同樣地，從邁爾斯—布里格斯（Myers–Briggs）到九型人格學，再到個人占星術等，這些類型測驗與性格分類指標，都可以幫助青年從多種角度去探究自己的內在。這些練習的目的，通常也是藉由耳朵去充分辨識聆聽到的訊息，以釐清關於自己的真假訊息，而不是囫圇吞下任何強加在自己身上的看法。

我瞥了一眼時鐘。

「在今天結束前，我們可以再做一件事嗎？」我問蜜拉，我想確定我們掌握了最重要的東西。

她看著我點點頭。「好啊。」

「畫兩個圓圈，我們要做兩個簡單的圓形圖。在其中一個上面寫『目前』，另一個則寫『理想』。」

蜜拉按照我的要求去做，抓起一支洋紅色的筆來畫。

「不要想太多，只要畫兩個圓形來權衡妳內心裡的這兩個人。她們**目前**的分量，或者說在妳心裡占的空間比例是多少？還有妳認為怎樣的分量才**理想**？換句話說，怎樣的分量會讓妳覺得完整或者與妳的內心保持一致？」

蜜拉再次非常直覺地開始照做。腿上的寫字板往她身上傾斜。我看不見她寫什麼，不過等她寫完後就會告訴我。

「目前珍妮佛占百分之九十，蜜拉貝占百分之十。」她停頓了一下。「理想是珍妮佛占百分之十，蜜拉貝占百分之九十。」她有點難為情。

我揚起眉毛。「哇，我想，妳可以想像為什麼妳對現狀那麼不滿……」

「對。」她大笑。「的確滿糟糕的。」

「妳希望蜜拉貝占百分之九十。」

她點點頭。「應該跟目前的情況相反才對。珍妮佛可能超級有用，不過她必須支援蜜拉貝。但是她卻用任務、工作、差事埋沒了蜜拉貝，因為……」她用筆輕敲一下腿。「說實話，珍妮佛非常害怕蜜拉貝和自己差異那麼大。不過她們兩人都很可憐。蜜拉貝既痛苦又寂寞，珍妮佛則需要學會放鬆。」

我們兩人都笑出聲來。她用同情幽默而不是焦慮和羞愧來看待自己。一個人可以如此深切地認同自己的兩面，以及這兩面之間的關係，總是令我印象深刻。我喜歡聽蜜拉清楚地表達她在這兩面的互動方式及需求。

我告訴蜜拉，現在蜜拉貝也在這裡，我感覺與她的連結更為緊密了。

「我也感覺到了。」她深吸一口氣。

我們一起靜靜地坐著，蜜拉凝視著那張紙，陷入沉思。

「我必須再跟湯姆談一談。」她柔聲宣布。

「妳想談什麼？」

「我想我需要向自己和他承認，我其實不滿意自己的職業，還有……老實說，那只是變成一種癮頭。」

我聆聽她的自我見證一會兒後，才開口說話。

「妳覺得和他談過以後會怎麼樣？」

「到時再說吧。他很滿意我們有兩份不錯的收入，今年他想買間房子。不過，他也非常支持我。他曉得我並不快樂。」

「他知道妳不快樂。」

「對，我不快樂。」蜜拉一臉沉思的樣子。

「因為蜜拉貝想要畫畫。」我想了之後說，將我們帶回一開始的談話。

「對，她真的很想畫。」蜜拉若有所思地點點頭，再度望著窗外的雨。

學習你喜愛的事物

「我能夠控制這些嗎？」有天下午康納這麼問我，聲音裡帶了點恐懼。

「你究竟要控制什麼？」

「所有的東西。這一切為什麼會發生？」

他非常焦慮但很克制，壓抑下自己的感覺，緊緊握著雙手並不時搓揉，好像很痛的樣子。有幾個星期他似乎逐漸進步，但其他時候又像是陷入嚴重的低潮。現在他再度大聲且反覆說著同樣的問題，納悶他的人生為何變成這樣。

我看著康納身穿灰色的長袖運動衫，他的大學校名以綠色大寫字母排成弧形印在胸前。我突然回想起他和我分享的那些夢，在夢中他搭乘電梯不斷地往上升，一直升高再升高，然後在他從一臺電梯跳到另一臺電梯，企圖爬得更高時驚醒。問題的選擇非常棘手。

「你記得那些夢嗎？」我問他。「你記得讓你驚醒的那種感覺嗎？你遠離地面，跳躍或懸在半空中。」

他好奇地點點頭。

「我認為早在你退學之前，你的內心就發生某種變化很久了。」我開口道。「我不確定你是否能控制這種變化，甚至把它當成參與現實的機會。」我停了一下。「你的現實。你明白我的意思嗎？」

「不是很明白，不懂。」康納搖頭，臉上浮現懷疑的表情。

我不想說得太抽象讓康納迷惑不解，於是我盡量整理思緒。

「我覺得，你在人生中爬得太高，不斷地尋求別人的讚揚和父母的認可，或許和阿德拉也有關係？」

康納只是抬頭看我一眼，未置可否就別開臉去。我判斷目前還不能和他談論他是否濫用藥物的問題。

「不管怎樣，」我繼續說，「出了很大的問題。你沒有存在於自己的身體裡，你脫離了重心。你的潛意識清楚地反映了這一點。我認為你和自己實際的生活脫節了，你明白嗎？我想你的夢知道你遲早會墜落回地面上。」

「妳認為我沒有在過真正的生活？」

「你有嗎？」

康納停頓一下，再度搖頭。「沒有。這很奇怪，我不明白。但是我懂妳的意思了。」

「我們今天可以從呼吸開始嗎？」我想幫助他擺脫腦中的想法，專注在和自己身體的關係。

他猶豫地抬頭看著我。

「你的呼吸急促，我想這會導致你焦慮緊張。空氣無法到達你的全身或大腦，停在這附近。」我指向喉嚨下面幾英寸處。「你感覺到了嗎？」

康納沉思著點點頭，彷彿頭一次注意到胸腔上部堵住的感覺。

「我們就從這裡開始吧。不去拉長你的呼吸，我們就沒辦法真的讓你感覺舒服一點，好嗎？」

「好吧。」康納有些遲疑，不過我繼續進行，因為我知道我們一起做的那一點點呼吸練習，對於讓他平靜下來已經大有幫助。

「先把意識轉移到你的身體上。看看你是否能注意到身體的邊緣，以及身體如何跟椅子、地面、周遭的空氣接觸。」我停頓下來。

康納點點頭，我等了一會兒。

「現在看看，你是否能感覺到空氣碰觸你的鼻孔內側，」我繼續說，「注意那種輕柔的感覺，在你吸進……呼出的時候，那股空氣的流動。」

不用我提醒，康納就閉上了眼睛，將意識帶到那些感覺上，遠離胸腔和喉嚨裡不由自主發生的狀況。

「現在，不要勉強，試著拉長吸氣和呼氣的時間，」我輕聲地拖長調子說，試圖放慢速度。「緩緩地吸氣……再緩緩地吐氣……」

康納太過焦躁，因此一開始沒什麼變化。我彷彿能看見他腦子轉動的速度。但是他對我的建議沒有提出異議，所以我們繼續一起呼吸。接著，我要求康納再加一個動作：在他吐完氣之後，吞嚥一下口水。

「慢慢來，看看那是什麼感覺。做這個動作沒什麼完美的方法。只要去留意，你是否能在吐氣之後，停頓一下……然後就……吞一下口水。」

我看到康納一開始很難做到這個出乎他意料的奇怪動作。有時候，在人的呼吸速度加快或變得短促時，鼓勵他們停頓一下然後吞嚥口水，可能會引發窒息的感覺，一種讓他們擔心無法呼吸到足夠空氣的原始恐懼。我好言勸誘康納，幫助他度過在暫停呼吸時可能產生的抵抗。

「傾聽你自己身體的聲音，」我再次輕聲說，「永遠傾聽你自己身體的聲音。如果你覺得這些動作讓你承受不了，聽你自己的聲音，不要聽我的話。一開始你可能會覺得害怕。」

他輕輕地點頭。

這個額外的吞嚥動作會顯著地將思緒放慢，有助於調整呼吸，教導身體它很安全、不需要驚慌。

片刻後，康納開始看起來比較自在了。他奶油色的皮膚顯得比較結實、紅潤、健康，接著他突然深深吸氣，好像在哭了很久之後，寬心地喘了兩口氣。

又過了一分鐘左右，我請康納再度張開眼睛，他輕輕地睜開了眼。

「你覺得剛才的體驗怎麼樣？」

康納笑了，彷彿喝醉似地有點神智不清，但他很開心。他的眼睛明顯地明亮許多。

「我感覺很好⋯⋯」他停頓下來。我微笑著回視他。「我想我這輩子到剛才為止，從來沒真正呼吸過。我覺得很好⋯⋯」

此時，整個房間感覺安靜下來，彷彿他先前的焦慮產生了嗡嗡聲。

「該死的。我從來沒在不嗑藥的情況下感覺這麼棒……」康納揚起眉毛，完全放鬆地陷進椅子裡。

「哈！太好了！」我大笑。「你看到這有多麼簡單了嗎？」

康納點了點頭，仍然帶著笑容。雖然並非完全和我一起「在」房間裡，但這回他是平靜地待在遠處，而不是羞愧痛苦地遠離。

我等了一會兒後，敦促康納再次去留意自己的感覺，並更加全心全意地重新與我會合。

「你能感覺到下面的椅子嗎？試著再注意一下椅子和身體連結的地方。或許環顧一下房間，把自己再帶回這裡一些。」

康納環視房間，再深長地吸一口氣。

「嗯。哇！這真是古怪。我感覺好像真的在這裡了。好怪喔。我想我以前從來沒有真正完全在這裡過。」康納的眼睛睜大。

「我們別著急，慢慢來，好嗎？我會開始問你一些問題，但要注意，假如你有種飄飄然、好像人不在這裡的感覺，我們就停下來。我不希望你再離開自己的身體。」

康納點頭。「哦，酷。我沒問題。」

我想讓事情簡單一些，抓住他的感覺讓他腳踏實地。

「好的，很好。」

我也吸口氣，稍微停頓久一點。

「我們還有很多時間，我想回到我們中斷的地方。我們需要開始弄清楚，你實際上喜歡什麼，還有你到底是什麼樣的人。」我告訴康納。「我們需要了解，你覺得真正美好的生活是什麼樣子。」

對康納來說，學習傾聽自己需要很大的轉變。這代表要練習傾聽他的直覺、身體，以及激發他喜悅的事物，即使是在——或尤其是在這些東西似乎完全不合乎邏輯的時候。這也意味著，他必須繼續將他的自我感知與父母給他的目標或期望分開。這表示他要改變方向，並捨棄高中和大學時期所努力的一切，以便他能開始根據自己的人生目標和興趣過生活；儘管大多數的目標和興趣他可能無法明確說出，或曾經拒絕認真看待。這大概也表示，在某個時刻他得放棄我懷疑他在濫用的阿德拉。我知道這個過程需要花上好幾年，而我希望結果可以持續一輩子。

儘管如此，一開始我想為康納找個相對簡單的方法。

「你記得《三隻熊》*裡的金髮女孩嗎？」我問康納。

「金髮女孩？嗯……」他抱著懷疑的態度。

「我認為她應該當你的新老師。」

我知道我很老套，不過我需要一個可以久久不忘的形象。

「等一下，為什麼是金髮女孩？」

「你還記得她的故事嗎？她是個怎麼樣的人？」

「太大、太小、剛剛好，」他回答。

「一點也沒錯！太熱、太冷、剛剛好。」

「所以……這是什麼意思？我的作業是什麼？」

「你的作業是和她做同樣的事。金髮女孩經由試用來弄清楚什麼東西適合她。這是主觀的訊息。我鼓勵你開始去注意，哪些東西真的能帶給你樂趣。不只是你**認為**或者**應該可以**帶給你快樂，而是真的為你帶來喜悅。你也可以留意一下，你**不喜歡**什麼。」

康納點了點頭，兩手輕輕交疊在大腿上。

「你需要運用你的身體、感官和想像力，去實際**感受**自己喜歡什麼、什麼東西對你個人有幫助。**對你**。以一個獨立的個體來說，不是因為人家叫你喜歡或不喜歡。這表示你要自己用感覺去摸索。」

康納似乎在努力理解我說的話。我不確定他能夠理解多少，我冒著說過頭的風險繼續說。

「我這麼說吧：你需要像個學步幼童那樣，只管伸手去拿玩具和食物，注意自己喜歡或不喜歡，要麼伸手去拿更多，要麼吐出來。我要你練習回到過去完全不知道別人對你的看法和期待之前，那個傾聽自己的身體和欲望的時期。

＊廣傳於英語國家的童話故事，講述一名金髮女孩誤闖一家三口的熊屋，女孩偷吃了三隻熊熱度不同的粥、坐了三把硬度不同的椅子、躺過三張尺寸不同的床以後，她找到了最適合自己、最剛好的那個大小與溫度。

你會想要開始追隨自己的興趣和好奇心，不管那有多麼微小。開始用感覺去摸索吧！看看會有什麼發展。」

「啊，好吧。」康納與我四目相對。

「這樣你能理解嗎？」

康納點點頭。「我想應該可以。」

如同故事中的金髮女孩用身體去試探周遭環境，對許多青年來說，尤其是追求穩定型的人，他們需要練習如何**憑感覺**去探索，而不是**用腦袋**去想清楚：是太熱、太冷，還是**剛剛好**？是太小、太大，或者**剛剛好**？

「金髮女孩的方法」不在乎完美或其他人的想法。這個故事極具象徵意義，當金髮女孩漫步到動物本能的領域中，也就是三隻熊的家，她開始用感官來試探環境。她坐到每一張椅子上，或是嚐嚐每一碗粥的時候，都在全神貫注地思考每樣東西是否**適合自己**。金髮女孩的方法容許你對每樣事物抱持好奇心，包括從食物到音樂、氣候、城市、想法、作家、藝術作品、人際關係，以及社群等所有事物。

傾聽，是四分之一人生的關鍵要素。我認為卡爾・榮格也將傾聽視為成長過程必經的一環：當青年走入世界去尋找真實的自我，他們會在本能和好奇心的引導下逐漸了解自己。然而，自從求學進程將生活組織化、向外發展的時間延長到二十多歲以後，由本能引導生活的概念變得不受重視，現在只被視為漫無目標的遊蕩。這就是為什麼康納必須調整他的人生計畫，至少暫時得如此。很多青年覺得自己是在一條移動的人生走道上，這條路的旅程早已預先決定好——高中、大學、學位、工作——所有人都跟著一起前進，無論你是否有意識地同意或是感興趣。即使出現了嚴重的妨礙，下一個目標很可能就是奮力地「回歸正軌」。在四分之一人生階段練習傾聽，是將焦點從「達成目標」轉移到「滿足好奇心」，目的是了解人生這條路本身。這個練習是為了收集有關自己獨特本性的資訊。我喜歡這項活動嗎？我喜歡在晨間獨處嗎？我需要如何挑戰自己才能成長？我欣賞誰的個性，為什麼？除了你自己，沒有人知道這些問題的答案。

青年唯有透過嘗試錯誤，才能真正決定自己的人生經歷。因此，確認自己在任何特定情況下的身體和情緒反應，哪怕是極為細微的反應，也能提供訊息。我鼓勵案主傾聽內心浮現的抗拒、恐懼、渴望、興奮、疲憊、好奇、羞怯。在詢問這些情緒是什麼意思之前，我建議先當個自然觀察家，只要注意自己在世界上的體驗就好。

有好一段時間，我不知道康納究竟吸收了多少。在我們會面時，我試著和他一起探索他的好惡，了解他除了自幼就喜歡的籃球以外的興趣，並且密切注意討論到什麼話題時他會活躍起來。我們兩人都努力「聆聽」什麼會引起他的興趣，即使他並不知道原因。我想透過我對康納的好奇，來幫助他對自己感到好奇。很快地，我就欣慰地明瞭，這比我意識到的更為有效。

平息雜音

「我真的很喜歡看美女。」有天下午，丹尼若有所思地說。

他左手拿著一個光滑的金屬馬克杯，手臂靠在椅子上，治療前來杯美式咖啡已經成為他的習慣。

「我在外面等咖啡時，有兩個女人經過，穿著合身的上班窄裙。我好喜歡看她們走路……」丹尼臉紅了。

丹尼停止服用躁鬱症藥物已經好幾個月了。我們幾乎不提起先前的診斷，雖然我們確實談論了他的憂鬱症。開處方的專科護理師仍然在研究，是否需要增加一種抗憂鬱藥給他，同時也檢查他的維生素Ｂ12的攝取量。丹尼以素食為主的飲食習慣很可能導致Ｂ12嚴重不足，這會危及他的情緒健康。我也想幫助丹尼培養更好的洞察力，具體而言，就是得知他在什麼時候會無精打采，以及他的無精打采是否有其他尚未發現的根源。我鼓勵丹尼聆聽這些體驗以便收集資訊，了解什麼可以幫助他在世上真正茁壯成長，而不僅僅是勉強度日而已。一開始，我好奇地想多了解一些他剛才在咖啡店體驗到的吸引力，以及他似乎由此感受到的活力——除了咖啡因以外。

不久，丹尼和我開始深入鑽研他之前不想討論的、令他羞愧不自在的領域，其中包括性和性慾。過程中丹尼除了感到身體不適，他也在釐清歷史上有關這階段的實際體現和男子氣概的問題。他偶爾會探究身為非二元性別者活在這世上會有什麼感受，有時也會苦苦思索自己的性別認同。但大多數時候他只想知道，重新定義異性戀男性在這世上及拉丁裔家庭裡的意義，那會是什麼感覺，有非常多層的身分認同需要解釋探究。

「我覺得我的父親和叔伯們，甚至是祖父，好像都為我示範了很多舊的拉丁男人的刻板印象，妳懂嗎？」

「怎麼說呢？」我問。

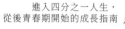

「就像那些跟性別角色有關的典型觀念。比如說，在我還小的時候，別人會找我和兄弟們一起出去玩，打棒球或什麼的，但是我的姊妹就會被要求待在家裡。我的一個姊妹總是想加入我們，但她就是不行。可是另一方面，我從來沒有真心想去打棒球，妳知道嗎？我一點都不在乎。我們開玩笑說，真希望我們的位置可以互換。我是說真的。」

丹尼以前很少談到他這部分的童年，我得知了很多訊息。

「同樣的情形也發生在我媽媽那邊。他們是古巴人，我爸那邊則是哥斯大黎加人。她的兄弟也會做類似的事情。像我的姊妹會被要求在聚會上煮飯、幫忙，如果我起來幫忙，他們就會開始取笑我，好像幫忙姊妹我就會喪失男子氣概。我們就這樣全被塞進這些無聊愚蠢的角色裡。」

「這感覺真叫人窒息。」我細思這些故事底下暗含的感受後這麼說。

「真的是令人窒息。」丹尼同意。

漸漸地，隨著丹尼對有害的男子氣概了解得越多、談得越多，他就對男子氣概在這世上的象徵感到不寒而慄，想到自己可能成為其中一分子就畏縮；但是他對性別角色以及如何「當個男人」的困惑也越來越深。他仍在釐清身為男性代表的意義，以及如何不延續男子氣概的古老迷思，同時又能為自己的身體和文化感到驕傲。

我正要回到開啟這段對話的事件時，丹尼自己先提了：「可是我在咖啡店裡卻物化了那些女人，她們只不過是走過去、過自己的生活而已！」

「嗯……」我猶豫了一下。「等等，覺得人家很有魅力並沒有錯，你為什麼認為自己是在物化她們？」

「我不曉得。或許我沒有吧。我想，有那麼一個片刻感覺很棒，感覺『哇』，而且沒有浮現那種羞愧感。這兩個女人就那樣霸氣外露地走過去，真是美極了。」丹尼大笑起來，然後發現自己說錯話而急忙打住。「噢，我的天啊。我跟妳這樣談論會不會很奇怪？」

「不。」我微笑著說，「一點也不會。這就是我們在這裡該做的。你覺得談論這件事很奇怪嗎？」

「有一點。」他聳聳肩。「不過我想，也不算是……」

我等著。

「這很難解釋。」丹尼縮回椅子裡咕噥著說。

「我們有很多時間，」我告訴他。「不需要急。」

「我需要告訴妳，一件我一直不敢提起的事。」

「好啊，」我開口說，「我洗耳恭聽。」

丹尼嘆了一口氣，然後摸一摸前額和頭皮，他手腕上戴的金腕帶和串珠手鐲碰撞了一下，發出噹啷聲。

「呃，」他一臉厭惡地說，「妳確定嗎？那件事很奇怪喔。我是說，非常詭異。」

「我應付得來，」我表示。「如果我因為某種原因感覺不舒服的話，我們再來討論，好嗎？」

「好。」

我沉默地等著他鼓起勇氣開始。

「好吧，好吧……」他停頓下來，顯然正在努力把話說出口。「我想我對色情上癮了。」

這是我第一次聽到丹尼提起色情作品，不過我並不驚訝。就網路世代的青年來說，色情成癮非常普遍，尤其是家長和整個社會都很慢才理解到，人們接觸到色情作品或本質非常露骨又經常帶著暴力、剝削和羞辱內容是相當容易的。我經常看到一些案主，因為他們看到的景象而進入典型創傷的「僵住」狀態，然後帶著混雜的情緒一遍又一遍地回去重看，彷彿還在震驚狀態卻仍然伸長脖子去看一場可怕的車禍。這些有意識和無意識的情緒混合在一起，會令人困惑、癱瘓、羞愧。

「跟我多說一點吧。」我傾身靠近。

「坦白說，我覺得是從我十歲左右開始的。實在太早了。我的一個叔伯給我看了雜誌上的東西，接著我在網路上也看了一些，然後就有點像是掉進兔子洞裡無法自拔。」

我再次點了點頭。

「我記得當時非常奇怪。起先我有點害怕，但同時性慾也被撩起，妳明白嗎？」他注視著我。「妳還好嗎？」

「我沒事。」我露出微笑。

丹尼深吸口氣。

「我想，從那時候起，情況就變得棘手、令人困惑且反反覆覆。好像我想停止再看下去，但是我——」他看著房間的角落，「我辦不到。」

他仍然深陷在思緒裡。我們一起靜默地坐著。

「我知道這和我對性的看法有關，呃——」他停了一下，「還關係到我對身體，以及身為男性等等的觀點。因為在色情作品中的陰莖，嗯，非常地**猛烈**」——他再次停頓下來——「非常地暴力。男人可以非常噁心殘忍。」

在他將這些纏繞起來的想法和感受解開時，我繼續沉默地陪著他。

「這感覺，呃，很奇怪，從道德的角度討厭一樣東西，卻又對那樣東西上了癮。我就是停不下來。」他眼神羞愧地別過臉去。「我一直試圖停止。」丹尼沉重地嘆口氣，回視著我，彷彿要再次確認我是否沒事——確認**我們**之間沒問題，我並沒有突然改變對他的看法。

對丹尼來說，學習傾聽自己，意味著提高他對自己的身體及實際體現的注意力，而不是把目光移開。更具體地說，這表示得去探索存在於身體裡的經驗。他長期以來都把身體和強悍、厭女、暴力性行為聯繫在一起，那並不是丹尼有意識想要的性。他也知道，別人經常將類似他這種外貌的男人性化，認為他們性慾強烈，總是渴望女人。他努力、認真地梳理，對他而言哪些是事實，哪些是色情成癮的後果，哪些是各種文化告訴他應當想要和具備的特質。

丹尼需要了解他自己獨特的自我和欲望，而不是那些透過外部資源刻畫在他身上的東西。他知道自己並不喜歡用色情片裡的方式和女人從事性行為，他形容那種方式是「有等級之分且具有展演性質」。可是他也還不確定自己喜歡什麼，這就是他覺得約會非常複雜的原因之一。在某種程度上，比起去多加探索性和性慾，他只是陷在腦中沉悶無趣的想法裡。

學習傾聽感官裡的自我，以及實際體現後的自我，需要時間和耐性。沒有單一的解決方案或方法能幫他消除需要解決的問題。這是一段漫長的自我發現，要持續地與來自家庭、社會那些不適合他的男子氣概分離，同時也要努力、真正地傾聽自己的身體及其反應。這表示他得去平息那些建議他應該喜歡**這樣**或**那樣**的外部雜音，以及降低讓他成癮並扭曲他對女人和自己看法的噪音。對丹尼而言，對於實際體現的日益追求，也代表他不需再採用色情作品或視覺刺激的方法來獲得自娛和慰藉，代表他已經注意到自然的興奮和愉悅，就像他在咖啡店那樣——靠自己的力量增進與自己的關係。

丹尼平息大量外來雜音的旅程，也包括做一些身心訓練，以及尋找採用不同療法、能夠支持他的治療師。容許技巧熟練的從業人員輕輕碰觸他的身體，這個過程有助於丹尼對他自己、對他的身體以及對他人肉體，能從無關「性」的層面建立起信任。他也開始到附近的工作室上瑜伽課。雖然一開始他覺得和別人一起在房間裡公開展示非常尷尬，但他很快就找到了固定模式，甚至遇到一位令他感覺特別安心的老師。

「你有喜歡的姿勢嗎？」有一天治療結束，丹尼正在收拾東西時我問他。

他大笑。「毫無疑問是大休息式。」提到在課程結束前，學生們靜靜躺著「攤屍」的話題時，丹尼的眼睛閃閃發亮。這姿勢可以刺激副交感神經系統，幫助身體健康地休息、促進消化。

「到大休息式的時候，的確非常愉快。」我同意。

「老實說，我真的很愛大休息式，因為我能感覺到能量以新的方式在我體內流動。那是痛的正相反，就好像有時能讓人感覺很好而不是很糟的脈衝能量。妳懂嗎？」

我點頭微笑著說：「我懂。」

Chapter 8

建立

為想要的生活創建工具和習慣

你需要在人生中創造、培養或建構什麼？

第三根成長支柱是「建立」。在英文、德文及梵文中，用來表示「建立、建構、培養」的動詞，是從意思是「成為、變成、產生」的字根衍生而來的。構築人生就是要成為自己。如果「傾聽」需要的本能是接受能力，那麼「建立」需要的就是努力、堅持及意志力。

長期以來，眾人鼓勵在四分之一人生階段勤奮努力——這是「加入現實世界」的基本勸誡。然而，他們的重點往往都放在共同的發展目標，即成為在社會結構裡發揮作用、在經濟上有所貢獻的一員，而不是展現個人**獨特**、**與眾不同**的生活。當我們採用心理而非經濟的視角來看待成年期，努力的重點就會轉為創造一個非凡、穩定而富有意義的生活。社會參與仍然至關重要，關注生存和財務健全也同樣重要，但這不是終點。構築人生是**有意識地**用勤奮、愛與奉獻，來精心打造自己的生活。建構獨特人生的作品，需要大大小小的辛勤工作、組織與秩序，也經常需要許多的信心和信任。

有時，這個課題意味著要認真對待想學習新技能的渴望，通常是需要極大專注力去努力學習的技能，例如：武術、樂器，或者製作手拉坏陶器；也可以是重視每日飲食計畫般的實用行動。或者也可能是關係方面的事，例如：積極地尋求約會和溝通，而不只是等待偶遇或消極地解決衝突。目標的範圍也可能更廣大，例如：申請學術課程，或是參加體育競賽的訓練。視每位青年的情況而定，這些目標將會協助他們建立更重要的人生意義，建構必要的穩定結構——或者兩者兼具。

構築自己想要的人生，重點在於必須堅持、專注並克服疲憊或內部的限制。通常需要對任務長期投入，才能克服對自己沒信心、不相信可能會有更好生活的想法，以及抵銷實現理想未來的艱辛。構築人生與未來的工作，通常單調乏味而困難，不過也只有這種工作才可能帶來真正的轉變，並且徹底改變整個人的性格。

這種單調辛苦的工作題材，也曾象徵性地出現在童話故事和神話裡。談到意志力時，就出現展示毅力、勇敢及勇士力量的形象，例如：希臘大力士海克力斯的十二項任務，故事中大英雄完成了看似不可能的偉業，例如剷除凶惡的野獸、偷走宙斯珍貴的金蘋果，以及在一天之內清掃完遼闊的牛舍。如果不是出於害怕懲罰，這樣的努力很可能是成長的關鍵——將懶惰、依賴轉變為自信、自立。至於勤奮努力的形象，通常包裝得比較微小、平凡而有條理，比如在阿普列尤斯（Apuleius）寫的《愛神與賽姬》的故事中，賽姬與她的摯愛（即愛神）分開了，為了和他團聚，她被迫執行一些極其單調乏味的任務。維納斯女神強迫她做的其中一項任務，是必須將一大堆混雜的細小穀物和豆類一一分類。原始的《灰姑娘》故事也出現過非常類似的題材。在灰姑娘去皇家舞會見王子之前，必須先將繼母扔進壁爐裡的小扁豆一一從灰燼裡撿出來。一開始，賽姬和灰姑娘兩人都感到絕望，但在兩個案例中，最後她們的本能都甦醒了，這裡用螞蟻和鳥兒跑來幫助她們完成任務來表現。賽姬和灰姑娘都完成了一度看似不可能的任務，找到了與另一半重聚、結合的方法。

冒險與承擔風險，固然會是四分之一人生非常關鍵的部分，但構築人生內在與外在的工作，卻往往更像是這些重複單調的任務，而不是經典的冒險故事。透過小心留意地建構自己想要的生活，以及精疲力盡地逐步進展，青年可以設立新界線、學習新技能，同時在這個過程中增加韌性。去經歷這一切，可以塑造、形成一個人的身分認同與性格，並讓他們獲得深植內心的自尊。

培養自律

「我需要開始認真地寫作。」有天下午丹尼告訴我。「雖然我還是很確定這在浪費我的大把時間，但反正我也沒做別的事。」他聳了一下肩，沉重地坐到椅子上，腳踝伸到前面交叉。那時是冬天，他的牛仔褲與他的風格相符，似乎短了幾吋。他的兩隻襪子是不同款式。

「你打算寫什麼呢？」我問。

「短篇小說，」他開口說，「我想至少寫完五篇，真正地完成。我需要可以和編輯討論我的作品，不找藉口，也不要像個自認總有一天會成為大作家，卻從來沒坐下來寫作的死小孩。別人能告訴你的只有這一點：如果你想當個作家，就得動筆寫。」

「這是真的。」我同意。

丹尼從背包裡拿出一件顏色鮮豔的長袖運動衫披在肩上，然後拿起剛才放下的咖啡。

如今丹尼練習著多傾聽身體的欲望和需求以治癒過去的創傷；他也由衷地感到需要建立自己的未來，讓某種想法——和他自己——逐漸成形。傾聽自己的需要，是一種深切注意自身和非語言的線索；建立，則是更實際的任務。

「我在考慮幫自己擬一張時間表，」丹尼繼續說。「我覺得現在最重要的是我需要誠實面對自己的精力。我只要一陣狂熱發作就會徹夜不眠地寫作，然後就精疲力盡了，可能要過幾個星期才能重新開始寫。」

「你需要一個具備一致性的寫作時間表，以免過度疲勞。」我沉思後簡單扼要地說。

「沒錯，一個適合我的務實計畫。我可不會早上就起來寫作。」我曉得丹尼不是個習慣早起的人。「不過我認為在傍晚和晚上找出真正能夠寫作的時間，會很有意義。」

丹尼在童年時期沒有半個能貫徹一致性和專注的榜樣。他的父母一直努力工作，但並不支持子女過有創造力的生活。丹尼的母親展現了堅持不懈的工作態度，但是這種克己的理念差點嚇壞了丹尼。他的繼父也差不多。另一方面，丹尼父親展現出的生活方式總是更混亂，而且充滿了從未派上用場的創造力。丹尼仍在學著相信，他有可能展現自己的寫作能力和創造力。相信另一個既沒壓力也不會充斥著克己精神的未來，是一種重新養育自己的方式。

我們也一起努力戒除一則隨處可見的有害訊息：成為富有創造力的人，就一定是不健康、嗑藥或酗酒。解構這種傳聞，通常對追求意義型的人而言尤其重要，他們可能覺得倘若放棄不健康的模式就會喪失創造力。

「你覺得你下班後可以寫作嗎？」我問。

丹尼每個星期在寵物用品店上班四天。

「可以，我的意思是，這比在我上班前容易多了。我知道下班後要切換狀態很困難，但我不得不這麼做。」

對許多像丹尼這樣追求意義型的人來說，建立自己想要的生活，通常得在精神上近乎全心全意地追求一致性，即專心致力於那些經常感覺「單調平凡」

或是「毫無意義」的任務。這種長期的努力，最終是增進自己在世界上的穩定性。儘管有些人喜歡「苦差事」、喜歡自己終於在創造東西的感覺，但有些人會擔心他們是在「出賣自己」或變得「普通」。這些看法道出了追求意義型的人長期感到困擾的潛在憂慮：如果他們完全投入在生活中，就會變得毫無靈魂和個性，宛如人形的遙控飛機。從很多方面來說，這就是丹尼對他父母與工作的看法。因此，他需要了解到，專注於一致性和穩定性——無論感到多麼平淡無奇——都應該是為了展現他自己的生活，而不只是滿足社會要求他為經濟和生存有所表現的期望。

開始投入例行公事以後，通常可以喚醒體內的本能，最終讓日常生活更簡單、更能發揮作用。「建立」的儀式，讓人想起偉大音樂家和藝術家的故事，他們辛苦努力地學習經典的技巧多年，然後才能開始真正以自己的方式演出。我想到了電影《小子難纏》裡的少年，他睿智的教練堅持要他有條不紊地為汽車打蠟——「上蠟、下蠟」——這是為了讓他在不知不覺間學會他渴望搞懂的、那些吃力的空手道姿勢。只要投入學習正確的技術形式和步驟，無論一開始多麼無聊，都可以騰出空間讓絕妙的新事物顯現出來。

這種始終如一的練習，在心理上可能也有必要。對追求意義型的人而言，把重點放在構築人生，就如同漫無目的地漂浮在看不見陸地的無垠海面上，終於找到了一座島嶼；原本混亂、憂鬱或不知所措的他們，到了這個可靠的地方後，就可以晾乾身體，體驗到穩定。

丹尼真的開始規律地寫作。有時他會在桌子前睡著，不得不隔天再試。在這種時候，他會陷入羞愧的螺旋，覺得自己非常「愚蠢」、自己的目標非常「荒謬」。有許多日夜他都感到痛苦難耐，像是無窮無盡的艱難跋涉。但是他繼續努力，即使在他絕望地想要放棄時仍然重新開始，這是個關鍵。他正透過全心全意地投入來培養自己的韌性，而且他開始本能地喜歡坐在書桌前，不論最後的成效如何。即使在他感到焦慮的時候，他也會坐到書桌前寫作，由此向他自己證明了自己。

「我開始期待坐在書桌前，」幾個月後丹尼告訴我，「那裡變得好像我的窩一樣。」想到這裡他露出微笑，將雙臂伸到頭頂上。「我有點像是蜷縮在那裡，旁邊有茶和一盞小燈。我點燃蠟燭和薰香，然後就待在那裡工作。」

「聽起來很不錯。」我沉吟著說。

我還知道，丹尼將他喜歡的一些思想家的圖像擺在桌子四周，有如前輩的聖壇，這是我們討論過為了激發靈感的一種練習。我想像這些與眾不同的人——奧妲維亞．巴特勒（Octavia Butler）*、羅貝托．博拉紐（Roberto Bolaño）**、娥蘇拉．勒瑰恩（Ursula K. Le Guin）***，和其他人——在他工作時凝視著他。這些作家也有各自的奮鬥經歷，儘管面臨無數困難，他們仍讓自己的作品問世。對丹尼來說，為建立付出的努力，代表他下定決心向這些人看齊。他們就像睿智的嚮導，日復一日地幫助他保持專注。

丹尼生活中的一切，開始圍繞著這個新的寫作決心，就像新手父母的生活繞著剛出生的寶寶打轉。不可避免地，他的生活安排還包括設定多重界線及減少社交活動。丹尼每天晚上短暫的寫作靜修時間，意味著他必須學會經常拒絕朋友，將自我照顧和自己的目標擺在其他人的需求上。

「我覺得我從晚上八點到十一點左右的工作效率最好。」他聳了聳肩。

「我很想試著每天或每晚投入三小時，至少持續一年。我從兩星期前開始這麼做，到目前為止一切順利。」

「每天嗎？」

「對，我是說，我知道有時候需要休息個幾天，那沒問題。也許是每星期五，或者星期五和星期天。這可以再看看。但大致說來，這麼專注的感覺很好。目前每件事都有時間表：什麼時候吃飯、睡覺、散步，以及什麼時候跟朋友見面。」

這項構築人生的工作，也開始幫助丹尼照料身體方面的需求。倘若丹尼真的打算寫作，他知道他必須盡可能注意自己的飲食，以及散步或做瑜伽的頻率，還有睡眠時間。丹尼正在建構的結構，最終將為他的整體生活奠下基礎。

＊美國科幻小說作家，曾榮獲雨果獎和星雲獎。

＊＊智利的小說家、詩人。

＊＊＊美國科幻、奇幻、女性主義文學作家。

很多青年本能地覺得自己不夠用力鞭笞自己，好像他們不僅要設法通過外在阻礙，也需要克服無形的內心障礙。丹尼一直在對抗這種感覺，隨時都要試著分辨究竟是自己懶惰或身體疲累，還是純粹想要逃避。他需要練習推自己一把，就像小孩子學騎腳踏車時，父母在後面推著那樣。好的養育方式包括：知道何時該說「再試一次」，不管眼淚和擦傷的膝蓋。這就是丹尼正在學習為自己做的事。

務實面對

「這太難了，」一天下午葛蕾絲開口說，她彷彿癱倒似地坐了下來。「我不知道自己一個人能不能辦到。」

「妳說『這』是指什麼？」我柔聲問。

「人生……我想，是人生吧。」她焦慮的呼吸開始轉為淚水。我知道葛蕾絲經常將一星期的情緒積聚起來，留待我們見面的時候發洩，為了她著想，我希望這種情況不是持續了好幾天。「我不懂大家是怎麼處理所有需要處理的事，難道都不會感到不知所措嗎？」

「現在是什麼讓妳覺得不知所措？特別是哪方面的事？」

「房租，食物，錢。」她顯得驚慌失措。「大家到底是怎麼支付他們需要的東西？」

我深深吸一口氣，示範給她看她身體所需要的。我請她做同樣的動作，她照著做了。我們開始稍微放慢節奏。

「妳的收入不夠支付妳需要的東西嗎？」我輕聲問。我還在試圖了解是什麼催化了這次的擔憂發作。

「問題是，我甚至不知道夠不夠，我只有銀行帳戶和信用卡。我還收到一張醫療帳單，我根本不敢開，就擱在廚房。我出門前還丟了另一疊信。」

「這是引發妳這星期感到焦慮的原因之一嗎？拿到那張醫療帳單？」

葛蕾絲開始撲簌簌地流淚，胸口一陣陣不規則地上下起伏。「對，」她幾乎說不出話來，「沒錯！」

我靜靜陪她坐了一會兒，任由她哭泣，釋放她一直背負的壓力。然後她開始稍微平靜下來。把她覺得無所適從的一切歸類到可識別的單一原因，對她很有幫助。

「大家究竟是怎麼處理這一切的？」她再次問我，這次語調更激昂。

「有時候問題可能很多，這是毫無疑問的。薪水太低，協助青年同時處理這些問題的支援又很少，」我開口說，「糟糕透了。」

葛蕾絲點了點頭。「沒錯，糟糕透了。我簡直不敢想像，我和我的一些朋友都還在背負學生債務。」

「我了解，」我回答說，「那很沉重。」我們再次沉默不語地坐著，她擦了擦眼淚，呼吸開始比較規律了。

「我們可以再多談一點細節嗎？我想更清楚地了解妳正在面對的問題。」

葛蕾絲點點頭，拂去眼前幾綹淡金色的短髮；她指甲上的粉紅色指甲油剝落破損。

「下次見面妳把那封信帶來怎麼樣？把所有妳不敢打開的都帶來？」

「還有語音留言。」

「語音留言？妳不敢聽？」

「對，我有大約二十通語音留言沒有聽。」

「好吧，那我們可以從那裡開始嗎？」

「**現在嗎**？」她猶豫地看著我。

我點頭。

她嘆一口氣，傾身到郵差包裡拿手機。她拿出手機並解鎖，盯著螢幕，然後又哭了起來。

「有三十三通！」她朝我揚起眉毛。「三十三通！」

「好吧，不過，沒有人死了……總之，我想應該沒有吧。」我眨個眼。如果我不用開玩笑、有效的方法稍微緩解她的恐慌，她對於「自己不是個成功的成年人」的自我厭惡只會進一步削弱她的信心。「開始吧……」我點頭示意她繼續。

葛蕾絲嘆了口氣按下播放鍵。第一通留言只有幾秒鐘，而且都是靜電噪音。第二通和第三通是語音自動電話。她全都刪除掉。

「接下來三通是喬希打來的，」她告訴我。喬希是她的好朋友。「兩個月前的事了！」

「在那之後妳和她見過面嗎？」

葛蕾絲大笑。「在那之後我大概每天都見到她。」

「那我猜不會糟到哪裡去吧！」

葛蕾絲也播放了那幾通留言。三通全是喬希對著電話尖叫大笑，喝醉後撥打的電話。

「所以，到目前為止感覺如何？」我揶揄葛蕾絲。

「沒那麼可怕嘛！」她咯咯地笑。「剩下的我晚點再聽。」

「好吧，那妳一離開就聽吧，這樣才不會像之前那樣一直困擾著妳。」

「嗯，好的，我會的。」

「如果妳發現有什麼可怕或讓妳不知所措的事，也許妳可以把要點記下來，發個電子郵件給我。」

「沒問題。」

「那妳下星期會把郵件帶來？」

葛蕾絲點點頭。

經過一年的辛苦治療，並學習傾聽自己之後，葛蕾絲建立未來的主要重點開始放在基本的生活安排與協調，以及應付來自她所愛的人宛如猛烈抨擊的交流。除了處理未回覆的語音留言和簡訊外，葛蕾絲還帶來與她醫療債務相關的信件。接著我們查看了她的信用卡帳單、討論年利率，集思廣益她能夠最有效減輕債務的方法。更了解她的財務狀況後，我鼓勵她列印出三個月的銀行對帳單，用螢光筆以色彩標出她不同類型的支出：食物、房租、交通、美容、衣服等。她確實採用了這個做法，幾個月後她又自己重做了一遍看看有何變化。

我不是理財規畫師或預算專家，但不幸的是，我的案主通常很難得到這類金錢方面的協助，而我不喜歡在他們遇到財務困難時迴避問題，就像我不想迴避有關性、成癮或創傷的討論。我從案主目前的處境開始，將所有生活中的事物當成治療的素材。除了財務，還加上其他的「生活技能」，例如：烹飪、清潔、衛生和一些文書工作，全都有待研究。我通常會從社會、學校與父母遺漏掉的地方著手。

這些被我放進四分之一人生治療的「素材」，現在普遍被稱為「成年人的行為」。這些技能和知識，曾經與異性戀本位的性別角色密切相關：女孩被教導她們的工作是清潔、持家、照顧小孩、煮飯；男孩則學到他們的工作是賺錢、養家，這些技能通常都是在工作中習得的。社會對青年的期望已經有了顯著的改變（謝天謝地），然而文化上的支援卻還沒跟上。以前透過同性父母、家人或同輩代代相傳的實用知識，現在不再以同樣的方法分享。另外，雖然每個人都被鼓勵上學接受教育，但大多數的教育都與日常生活和生存無關。有關基本生活技能的資訊十分缺乏。

這些都是很實際的問題，不過如果以特定的方式處理，將有助於心理成長。建構體系，會左右生活是充滿壓力還是愉悅。將費解的生活技能簡化，可以為追求意義型的人帶來極大的自信心。對葛蕾絲來說，創造空間去謹慎處理財務問題，成了治療的關鍵要素。當葛蕾絲開始覺得自己的確有能力理解並處理她的財務問題時，她在整體生活中就不會感到那麼無能和「幼稚」。藉由重視金錢與財務，葛蕾絲建立起她另一半的穩定自我，這是承載她人生的交通工具。她正在打造自己的衝浪板，以便在波浪中更能掌控方向。

「我昨天打電話給所有的信用卡公司，要求降低利率。」葛蕾絲有一天宣布。在我們當天開始治療後不久，她就拿出用色彩標示的銀行對帳單和信用卡帳單。「我想確保在我們約定的時間前辦好，這樣就能拿來討論。」

「那事情進行得如何？」我問。她不需要事前的激勵談話就自行打了那些電話，真令我刮目相看。

「兩家都為我降低了利率！」她覺得自己獲勝了。「我是說，我等了**超久**，但是最後成功了！他們真的降低了利率！」

「真是太神奇了！」

「可是其中一家還是比另一家高出許多，所以我要先還清那一家。我想我能在年底前還完，那感覺一定很棒……」

我高興地笑了。

我知道這一切並不容易。葛蕾絲的薪水很少，她偶爾也會積欠在我這邊諮商的保險部分負擔費用。她有很多問題要解決，但了解到她能學會處理這些事令她感到暢快。那不再像是只有特定人士才能進入的不可理解的領域。她知道當她學到越多技能，她就越不會像之前那樣迫切需要別人支援。她逐漸解開這世界的神祕面紗，開始明白她能夠擁有多麼遠大的夢想。

我們共同的目標不是要葛蕾絲「成熟一點」和「實際一點」——我覺得匪夷所思，為什麼有人認為一個痛苦掙扎的年輕人聽了這種宣傳辭令會急切地步入人生。如果現實世界只剩下稅金和壓力，那麼沒有人會想要加入。對葛蕾絲這種追求意義型的人來說，建立穩定性的目標必須是屬於個人的、能夠引起成長和轉變的。一旦葛蕾絲看得出改善她與金錢、日常事務關係的重要性，她就不會像以前那樣疲於應付這些事。相反地，她會開始覺得這項工作似乎也是她追求獨立這個更大目標的一部分。葛蕾絲向來深信其他人有能力成長、過美好的生活，現在她開始真的相信自己也有能力做到這點。

建構／解構生活

「到目前為止感覺怎樣？」蜜拉到診間不久後，我問她。

她聽到我的問題扮了個苦臉。總的來說，蜜拉感覺好很多了。我們的療程一直在幫她挖掘她壓抑多年的一部分自我，幾乎從她有記憶以來就一直是如此。整體而言，她的神態變得比較開朗，我覺得她比以前有趣、沒那麼死板，也比較開放。但是今天的蜜拉看起來相當痛苦。

「坦白說，很難過。」

蜜拉終於決心休了長假。她用掉一些累積了兩百小時的假，再加上無薪假。準備許久後，她和上司約談，並徵得了他的同意。她擬了如何利用這段時間的計畫，這讓她感到鼓舞和寬慰。然而，這是她放假的第一週，一切似乎和她希望的不同。

「我已經沒照計畫在早晨冥想了，我只覺得整天都無所適從。」她嘆了一口氣。「我已經在考慮要早點回去上班了。」

蜜拉的疑慮充斥著整個房間。我突然擔心或許這次休假是個錯誤，也許這並非她需要的。不過我也很難想像她需要的是工作。

「再跟我多說一點吧。」我鼓勵她。

蜜拉聳了一下肩。我在她身邊等她整理好思緒。

「我覺得如果沒有好好安排，我就會很不自在。我在家裡會覺得焦慮。我的意思是，我並不是完全不知如何是好，我比以前常做菜，而且是按照我母親的食譜做，這感覺很好。但還是有很多時間是**開放**的。」

「感覺太鬆散了。」

蜜拉點頭。「老實說，我一直比較擅長如期完成和符合期待。」她停頓了好一會兒。「我想湯姆也在擔心了。」

「湯姆在擔心？」

「對，他知道我平常週末是什麼樣子。我就是非常懶散、疲倦，他擔心我會變成整天窩在沙發上看電視、心情鬱悶。他曉得我沒有很多嗜好，而且說真的，我一點上進心都沒有。」

「所以妳覺得他說得沒錯？」

「我覺得很可能是這樣。」蜜拉承認。

她開始緊張地重複用門牙輕咬下嘴唇，這似乎阻礙了她的呼吸。她看起來好像在做身體上的防備。少了工作，她就像經歷了戒斷症狀。

對於像蜜拉這樣追求穩定型的人來說，他們在人生中建造了許多結構，因此要開始進入**建立**這一步時，實際上可能需要從拆除開始：解構已經存在但無法滿足一個人追求意義的安全與保障。蜜拉已經建立了運作正常的生活，而且過得很好。但是最近，她內心想要更多的渴望變得無法忽視。一旦基本的生存需求獲得滿足，「穩定」的功能就變成為「意義」服務，像是設法提供孩子生活所需的住處、從事自己喜歡的活動，或是在生活中加入冒險、志願服務與更健全的元素。無論如何，到某個時間點，追求意義都必須成為核心焦點。假如在滿足了日常生存所需後，生活仍舊長期以穩定為中心，那麼遲早會開始感到空虛。這就是蜜拉目前的處境，她需要小心翼翼地解構她已經建立的生活，那就像是要拆毀一座長時間製作的戲劇布景。唯有這麼做以後，她才能建造另一個。這是大規模的重新定位，我試著提醒她這點。

「就讓妳自己多睡一會兒怎麼樣？也許在早上寫下妳做的夢，而不是試著在固定的時間起床冥想，或是做任何像在嚴格要求自己的事。」

「嗯，」蜜拉同意，「我知道。我現在真的有點沒用。事實上我還是睡過頭了，我只是生氣自己這樣子。或者我可以和湯姆同一時間起床，那麼他就不會覺得我很懶。但如果我再去睡回籠覺，我還是會覺得自己很糟糕。」

「我覺得妳需要好好休息一下。」

蜜拉同意，在那麼努力工作後，懶散地在家待一段時間，毫無幹勁，是理所當然且應該被欣然接受的。我們討論了她該如何向丈夫傳達，在最初這幾星期她真正需要的是什麼，以消除他的擔憂並確保她有足夠的空間。我們談論她可以無所事事地躺著，聽聽音樂或播客，或是連續讀幾本好的小說。她的想像力需要重新激發。我們也知道放慢步調與退出僅是一線之隔，因此我們討論了限制上網及使用社交媒體的時間。她同意刪除手機上所有的帳號，以免陷入滑手機的黑洞。她了解除了戒除工作一段時間以外，她真正需要的是自由安排的時間，好讓新的東西可以浮現。

「我就是需要**明白**，現在的目標已經不同了。」

「再多說一點。」我很好奇。

「比如說，目標不再是趕上截止日期，或是讓客戶高興，而是……」她停下來思考。「目標是看蜜拉貝想做什麼，或是珍妮佛**不敢**做什麼，然後朝那方面行動來擴展她的極限。」

「妳真了不起。」我微笑著說。「沒錯，就是那樣。」

「珍妮佛需要離開駕駛座，放手不操控。而蜜拉貝需要學著掌管。」

對追求穩定型的人而言，經過一些解構後，要建構適合他們的生活是件微妙的事。這個過程將迫使他們偏離別人的期望（或是他們認為的期望），轉而朝向自己的本性和興趣發展，無論一開始方向有多麼不明確。這項工作需要不斷回頭查看自己的身體和靈魂，經常回去傾聽指引，然後投入執行。這是一種極端的**信任**：即使在其他人都不了解，或者與現狀對立的情況下，仍然要相信靈魂的自我可能是正確的。蜜拉的狀況正是如此。

這個過程很花時間。她必須不斷對抗內心認為這次休假全是錯誤、她應該回去工作的疑慮。她需要欣然接納不確定和擔憂，以及日子裡的空檔，她可以在那之中創造出新的東西。

「說到蜜拉貝，」我緩緩地開始說，我曉得我有點在敦促她，「這段時間妳曾經想過畫畫嗎？」

「有，」她咕噥著說，「我知道。我之前經常想到畫畫，所以現在我對作畫那麼抗拒實在很詭異。出於某種原因，我甚至不想去想這件事。」

「因為有一部分的妳**真的**很想畫畫？」

「對……我的意思是……沒錯。呃，我絞盡腦汁還是想不出這麼做的**意義**是什麼，因此我不想去做。但同時我也覺得一旦動筆後，我就再也不想停止作畫了。這個情況不可思議地叫人害怕。」

「珍妮佛和蜜拉貝在爭鬥。」我微笑著說。

蜜拉聳聳肩笑了。「我猜是吧。然後珍妮佛贏了，對吧？」

「可是妳真的很想畫畫。」

「對……」蜜拉看看我，然後注視自己的雙手。她咬住臉頰深吸一口氣。

這是給蜜拉的考驗之一。她能夠實現她的靈魂自我——蜜拉貝所要求、有時甚至是懇求的東西嗎？她會容許這樣極端的改變，轉而信任這個要求關注的自己，而不需了解其中的「意義」嗎？驅策她的不僅是一種責任，而是某種獨特、深藏在內心的**她**，這是另一個比較危險的監督人。她要滿足的並非工作的截止期限和客戶需求，而是不易察覺、堅持不懈的內在**需求**。

「我一直在看繪畫用品，」蜜拉又開口說，彷彿在告訴我一個危險的祕密。「老實說，我列了一大堆想買的，已經列了好久。」

「哦，是嗎？」

「是的。我還發電子郵件給一個人，跟他討論我找到的工作室場地。」

「妳**找人談了**？」

蜜拉點點頭，卻只是低頭看著雙手。

「現在還不敢多說嗎？」

她再次點了點頭。

浴火重生

「我其實很討厭待在籃球隊裡。」我們持續見面了大約六個月後，有天康納如此宣告。彷彿他不曾大聲說過這句話，是強迫自己告訴我的。

「真的嗎？」我確實吃了一驚。

康納聳個肩表示肯定。他以前談到籃球和他的隊友都充滿感情，或是滿懷「辜負他們」的羞愧。

「我的意思是，我喜歡打籃球，」他又開口說，澄清他的想法。「我是個控球後衛。」康納看著我，轉換了語氣。「妳知道控球後衛是什麼嗎？」

我看過當地ＮＢＡ波特蘭拓荒者隊大多數的比賽，所以我對康納的問題點頭表示知道，並說出控球後衛的名字。

「對。」他點點頭。「我的意思是，我不像他們那樣，不過我打得很好。那種投籃命中的感覺……很難形容。有時我覺得自己簡直像個狙擊手，我所做的一切都要求準確。我喜歡那樣，專注在精準度上。」

聽到這裡，我豎起了耳朵。康納剛才表達了對某樣東西的熱愛，某樣具體的東西。我仍然豎耳聆聽那些時刻，了解康納興趣的細微差別。要了解一個人，可以從他們喜歡什麼、為什麼喜歡等細節中找到許多訊息。

「你喜歡準確的感覺。」我沉思後說。

「對。我喜歡球一離開我的手指，我就差不多已經知道會不會進的感覺。」隨著康納的身體想起那些感覺，他的心情也改變了，皮膚亮了起來。

「那種感覺真棒。」他若有所思地說。

但是當康納坐著再想一會兒後，別種情緒出現了，他似乎想起了這段對話開始的原因，以及他想傾訴的事情。

「不過，我討厭為了比賽四處旅行。每次比完賽回來，我都覺得精疲力竭。我好像寧願獨自打球，只有自己一人在家中球場那樣。」

「你在成長過程中經常那麼做？」

「哦，對啊，每天放學後都如此，有時會一直打到天黑。」

我看著他回憶獨自投籃的愜意。然後他的臉色又沉了下來。

「怎麼了？」我問。「你剛才想到了什麼？」

「我受不了我的教練。」

「你的大學教練？」

「對。我想他不再是我的教練了……他是個混蛋。」

「為什麼這麼說呢？」

「種種原因。」康納笑了起來。「他老是對我們大吼大叫，但是，呃，不是一般教練那樣的吼叫方式。有時候真的讓人很不爽。」

康納仍在釐清是什麼導致他退學，導致他的生活被意外摧毀。他此刻正在重新整頓、尋找答案，想弄清楚當初發生了什麼事，以及他**現在**想要什麼。一點一點地，他正努力從廢墟中重建新生活。

「另外，既然談到了這個，我覺得我也選錯了主修。」

「哦，是嗎？再多說一點吧。」

「傳播系只是他們安置運動員的地方，」康納繼續說，一邊回想他曾經修過的傳播學課程。「一切都似乎毫無意義。雖然對我來說拿到好成績不難，但我一直覺得自己像個笨蛋，因為一切都太簡單了。蠢斃了！」

「你想清楚了很多事情。」

康納再次點頭，露出沉思的表情。

「如果我打算回學校，那我一定得做些改變。」他直視著我的眼睛說。

除了他的思路變得較為清晰外，我注意到在這次治療時，康納的整體態度有顯著的差異。他變得比較「集中」，我經常注意到案主出現這種情況卻很難解釋。就好像他不僅更成熟、更了解自己，而且他的人「在」現場。我想知道有什麼特別的變化，以及他可能做了什麼不同的事。

「感覺你今天的心神，比較能跟我一起集中在這裡，」我開口說，「而且似乎想清楚了很多事。」

「我的確感覺好多了。」

「你知道是什麼事情改變了嗎？」

「嗯，這一整個星期我都早上九點起床，自己做早餐。」

我挑起眉毛。「真的嗎？」

「真的。」康納點點頭，不是表現得十分熱情，但也沒有表示不贊同。

「然後你注意到這麼做對你的感受造成了影響？」

「噢，沒錯。」他大聲說著笑了笑。

「你**看起來**真的感覺好多了。」

好幾個月前，我曾試圖詢問康納和食物的關係，但這向來是難解的話題。

「我們可以查看一下你的飲食狀況嗎？」我當時問過。在那次治療中，他顯得完全心不在焉，幾乎無法專心聽我問的問題。

「飲食？」他困惑地回答。

「對，飲食。比方說，你每天都有吃東西嗎？」

康納彷彿陷入厭惡狀態似地，張開了嘴唇，露出上下排牙齒。

「呃，不一定？」

「喔。」我遺憾地點點頭。「我想是沒有。」

接下來幾個月，我試著在治療時穿插一些營養方面的知識。一個人要為自己創建獨立而滿意的生活，意味著他至少要為自己的基本需求負責。

在四分之一人生被診斷出飲食失調並不罕見，各種形式的異常飲食行為幾乎無所不在。由於各式各樣的原因——無論是缺錢、無法得到好食物、準備食物的訓練有限、文化觀念轉向沒營養的包裝加工食品，或者相反地，傾向於過分注重純淨和健康——我猜，多數青年在飲食方面都有某種程度的困擾。

「一開始有些實際的理由，」康納告訴我他不吃東西的原因。「我想我是在設法幫父母省錢。另外服用阿德拉對緩解飢餓大有幫助，有時我也會用吸的。」他終於承認了。他抬頭看著我，說明他如何將藥丸磨成粉末再吸食。

「多久一次？」我問。

「每天早上吧？」他停下來看著自己的雙手。「有時候下午也吸。」

這至少有助於解釋康納明顯的疲憊和凹陷、蒼白的面容，同時也解釋了他的衣服為何經常看起來過大，披垂在他的四肢上。

康納從高中初期就取得阿德拉的處方。上大學時，他利用阿德拉來提升表現，可是自從窩在家以後，他大多用來麻痺飢餓感或在早上提振精神。時間一久，我學會從他憤怒的眼神和持續的憂鬱中，辨識出康納何時幾乎完全依賴興奮劑勉強度日。他經常會在治療時猛烈抨擊我，就像一隻精疲力竭的動物在保護自己的傷口。我會鼓勵康納在治療結束後立刻去吃點東西，因為我知道如果直接回家他又會省略一餐。

值得注意的是，那些讓康納崩潰到萌生自殺念頭的藥物，是由保險給付的處方藥。而他有時帶來的能量飲料，其行銷手法更是直接針對他這一族群。另一方面，能夠維持血糖穩定、維生素及酸鹼值平衡，以及身心功能正常的食物，對他而言卻不是那麼容易取得，也不是以他為行銷客群，更無法即時食用。這是現代四分之一人生心理學極大的諷刺與危險核心。有用的東西往往不受社會鼓勵，且在經濟上不易取得，更缺乏有效的廣告支持，甚至連主流的精神病學也不贊同。主流的精神病治療傾向於採用診斷和藥物，而忽略了基本營養、適度運動、人際關係和規律睡眠的重要性。

然而今天在治療時，康納有些不一樣。看到他好多了，我鬆了一口氣。他好像突然下定決心要重建自己的生活，似乎開始準備創造新的結構和習慣，以便提供他真正需要的支援。

「所以，你早餐做了什麼？」我問他。

「煎了一大盤剁碎的馬鈴薯、起司和菠菜，上面再加些蛋。」他抬頭看著我，有點引以為傲。「非常得讚——」他笑著拖長那個字來強調。

「聽起來很棒。」我跟他一起笑。看見他如此生氣勃勃，我覺得很安慰。

「我也期待在回家前吃些泰國料理當晚餐。」

「轉角那家店很不錯。」我指向窗外。

「嗯……」康納點了點頭，似乎正在思考。「我也一直想告訴妳……我戒了阿德拉。」

「哦，真的嗎？」

「真的。我上星期吃完那瓶，我不會再按處方拿藥了。我早就知道那東西對我不好。」

他創造新生活模式帶來的轉變，已經在底下扎了根。我很難知道我們的工作引起康納多少共鳴，不過在某些地方確實成功了。他開始釐清什麼對他而言並不健康，然後做出改變。一點一點地，如同他不再需要舊玩具或舊資料那樣，康納捨棄了大學籃球隊、主修的傳播學，以及阿德拉。在認清這點時，他解構了過往的結構和具有影響力的人事物，因為那些無法提供他想要的生活。現在，他從一點一滴的小事開始，為自己建立稱心快意的生活。

Chapter 9

整合

發揮所學展現新的面貌

你能邁向新事物、慶祝即將結成的果實嗎？

心理成長很少像書中章節那般呈線性。通常，極為困難的自我創造工作不僅複雜，而且是循環的。在成長過程中，我們每個人總是一次又一次地，恢復我們以為已經治癒的模式和曾經有過的見解。這就是為什麼「四大支柱」是支撐成長的「**支柱**」，而不是「步驟」或「階段」。進行「分離」、「傾聽」、「建立」等工作，更像是一種擺盪或編織，因為我們會不斷地來來回回。舉例來說，當過度強調建立導致過分執著地想要改變，那就需要經常回來傾聽自我的聲音。同樣地，當傾聽自己的欲望和需求變得過度令人困惑時，重新將自己的內在聲音與朋友、過往照顧者或社會規範的意見區分開來，去確定造成混亂的原因，這也是有用的。漸漸地，當分離、傾聽、建立的工作成果開始「整合」在一起，顯現出全新的東西時，支柱之間會創造出新的模式，宛如一張形狀美麗的網。

整合可能會帶來出乎意料、實際的「勝利」：事業成功、創造性工作獲得成果，或是建立了以前似乎不可能有的熱情浪漫關係。對許多青年而言，整合發生時，那個感覺就像魔法一樣。經過大大小小的高潮時刻，一個人的靈魂自我與意識自我之間有種共生的感覺，達到內在與外在世界變得一致的體驗。追求意義的自我與追求穩定的自我不再分歧，而是在生活中相互連結與聯繫。

在努力地分離、傾聽、建立以後，擁有將一切整合起來的能力值得慶幸。這些經驗讓青年覺得自己好像真的是世界的一員，是製造世界的一分子，而不只是觀察事情發展或錯失行動機會的旁觀者。對於經歷過迷惘和痛苦、難以相信美好事物會出現的青年，我要強調的是：**熱愛自己的生活是可能的**；縱情享受快樂及相信美好事物的能力，與他們之前面對的艱難工作同樣重要。邁開步伐迎接整合，意味著要面臨自我對脆弱、親密、創造力與成功的擔憂。要變得跟過去截然不同，並且能夠相信驚險刺激的新道路、勇於選擇自己獨一無二的人生，這些都需要勇氣。

嶄新的開始

「我想，所有的書面工作都完成了。」在我們合作一年後，康納正在敲定重返大學的計畫。再過幾週下學期就要開始了。

「幹得好！」我對他回以微笑。

「我想我要復學，我爸媽都鬆了一口氣，」他開口說，「可是……我告訴他們，我一直有和教練保持聯絡。」他迅速瞥了我一眼，然後轉移目光。

「你並沒有？」

「沒有。不可能。我絕不可能再為他打球。」

「你打算告訴他們嗎？」

「我想，我非說不可吧。不過我認為應該從基本開始，先在他們的幫助下重新入學。先處理重要的事，妳明白嗎？」

我了解他面臨的難題，既要努力脫離父母對他的期待和盼望，同時又要培養自信的能力。這兩點都很不容易，尤其是他在經濟上仍然相當依賴父母，這是四分之一人生中很常見的困境。

康納的飲食情況持續好轉，在家的多數時候也開始投籃了。他知道父母對他又感到熟悉起來，雖然他們不知道他內心發生的一切，但至少他是他們認識的人。

「妳知道，我們沒談什麼，不過他們很明顯地退讓了。他們不再追蹤我的事、不再擔心我。」

現在我看到康納，他的態度始終溫和，不像以前那樣憤怒或激動。他似乎沒有陷入羞愧與自我厭惡的緊密循環中，自我照顧能力有顯著的改善。化身成《三隻熊》裡的金髮女孩所展開的自我好惡調查，也有了豐碩的成果。

「我和學校的指導教授商量過，下學期要開始修醫學院預科的計畫。」康納吐露。

「哦，是嗎？」關於科學或醫學的事我們沒談過很多，但我看過很多次，最能讓人振奮起來的，往往就是他們自己也很難注意到的東西。「跟我多說一點吧。」

「我一直在注意自己喜歡什麼。我知道我不喜歡目前為止在課堂上學到的任何東西，我知道我上課時老是想睡覺，因為太無聊了。但是我記得教練要我們上的解剖學課。我對解剖學非常、非常好奇。我的隊友老是取笑我，因為我太常舉手發問了。」

我笑著想像他充滿活力、好問的模樣。

「我想要一些可以應用的東西，妳明白嗎？我一直在想，我非常喜歡籃球的精準，還有那種親身體驗精準的感覺。我想要那種東西，我想知道我所做的事情的意義還有做法。」

他對每件事的深入思考令我印象深刻。我傾身向前，理解他說的一切。

「我是說，我知道這非常困難。但我應該去探索這個可能性，對吧？」

「如果這激起你的興趣，那當然了。你還在念大學啊。」

「對。我還發現，我一直在回想幾年前發生的一件事。高三那年，我和高中教練一起開車，一場車禍就發生在我們眼前。我們把車停在路邊後，我立刻跳下車，跑到撞毀的車旁去看人是否沒事。」康納停了一下。「我是說，我根本沒有思考。不過，那場車禍非常嚴重。我們一直待到緊急救護人員來，看到他們在工作，我才如釋重負。」

「你可以想像自己扮演那個角色。」我仔細聽完他說的話，沉吟著說。

「我的確可以，或者我認為我對這工作很好奇。我記得當我回到車上，教練說我的反應和投入，讓他覺得我可以成為很好的醫師。他說我在壓力下表現得很好，並沒有被嚇跑。」

「一點都沒錯，我覺得他說得很有道理。我想你喜歡當控球後衛的原因之一就是壓力，對吧？」

「嗯，毫無疑問。」康納充滿活力地點點頭。

「那指導教授怎麼說？在這時候你有可能轉系嗎？」

「可以，所以我們討論了在這個時間點要改修醫學院預科需要做些什麼。他們正在研究。我想這表示我至少還要再念一學期才能畢業。除了我已經需要補修的課程之外，還要再加一個學期。不過，後來我發現有些課其實我上過了，所以這一切也許值得吧。」

康納已經更進一步了解到，同時追求穩定和意義的生活，對他來說會是什麼樣子。他現在才二十一歲，未來還有很多年，他得繼續釐清如何將自己與父母和同輩群體區分開來，弄清楚自己的觀點和身分認同。倘若他將來要上醫學院，他必須努力與自己的身體保持聯繫，養成健康的日常生活習慣。對康納而言，學習整合所有的東西是關鍵。他需要練習在自己忘記的時候，能夠恢復自我覺察和縝密的自我照顧，努力與父母、伴侶溝通；同時要允許自己追求真正的快樂，即使那看起來很可怕，會讓他與家人不和，或者讓他暫時成為外人。

康納迅速地上下調整了頭上的棒球帽，然後扳了扳手指、深吸一口氣，這口氣確實地在他體內流動，似乎不受壓力的束縛。他的喉嚨不再一走神就緊繃，像條飢餓的蛇那般。康納看起來十分自在地做自己，他的能量宛如一條不斷流動的河，感覺流暢可靠，而不是搖晃不穩。

「在經歷這一切之後，我居然對重返學校感到有點興奮，會不會很奇怪？」康納直視著我問，他的問題懸在半空中。

「不。」我滿臉笑容地說。

現在康納對我夠了解，只要我說一個字他就能明白我的意思。我努力讓他的痛苦和困惑恢復正常，教他如何自我照顧，不把他經歷過的每種心理症狀都歸於疾病，而是著重在變革與轉變的事實。人類在人生的不同階段，都會經歷這種蛻變，但是主流文化並不承認。我想給他機會明白，過去自我的死亡雖然痛苦，但並不是「錯誤」，也不是失敗。我想提出的想法是：痛苦雖然難受，但不見得是「壞事」。他可以去尋找「感覺很棒」的生活，而不只是看起來「成功」或「富有成效」的生活。對康納來說，最重要的一課或許是，如果他的身體感到痛苦、憂心、不自在或無聊，他可以傾聽身體的聲音並詢問「為什麼」。而不再只是將這些感覺推開，找些東西來改善自己的感受，或者更加努力去適應導致他痛苦的環境或人際關係。

「天啊，我好慶幸我不會拿著傳播系的學位畢業。」康納再次扳一下手指，大笑起來。「那學位將會跟著我一輩子，但那根本不是我。」

「你現在明白了。」

「真的，我無法想像那會讓我做什麼樣的工作。好比說新聞業？廣告業？那不是我想做的工作。」

迷失方向的內心危機襲來時，康納還非常年輕。但是後來，他有機會找到自己真正感興趣的東西，沒有繼續走那條需要他咬緊牙關才能堅持下去的路。

他現在知道，無論他多麼努力嘗試，那條路永遠行不通。

「我很期待學習關於器官等等的知識，」康納告訴我，「我，呃，真的很期待上生物實驗課。」

多年來，我看過很多青年步入富有創造力的生活以後，開始吐露的真話總是令我驚訝。這種智慧和創造力是各方面發展的一部分，但整合時期會帶來一種新的突破。我的案主不斷地令我刮目相看，他們以不可思議的獨特方式來定義這些時刻，將他們富有創造力的見解與技能，結合新的科技、舊的人生哲學，以及他們自己的美學，證明我不曾想像過的生活和道路將會帶給他們無比的喜悅。

「我知道上大學會很困難。我也知道，和隊友們同在校園裡卻不打球會感覺很怪。而且我害怕見到伊娃，」在最後一次治療時，康納向我傾訴。我們要準備說再見了。「但是我想……我不曉得。想到有一天我可能成為一名醫生，我就覺得興奮。」說這話的時候他幾乎是散發著光芒。

如果把他這個形象和我第一次在候診室見到的那個人相比，我不確定我是否會相信他們是同一個人。我也知道，康納的人生還會不斷地轉移、改變。我們的治療成果，以及他學到的一切整合，不是結局，而是新的開端。康納很開心，他現在擁有了解他自己獨特人生的工具。這是成果豐碩的勝利，也是精彩的新開始。我們道別時，我由衷地為他感到驕傲。

感受完整

「回去上班感覺怎麼樣？」

蜜拉扮了個鬼臉，眼睛睜得大大的，有點沮喪。這是她休假後回去律師事務所的第一個星期。她才剛開始喜歡她的新時間表：起床後幾乎每天都到一間小工作室作畫，有時在畫布前掙扎，有時為自己的創作感到興奮。我們預料到當她回去工作時會有點痛苦。

「辦公室裡有太多動態，我想我以前只是把它排除在外。」蜜拉開口說。

「妳注意到了什麼？」

「我不曉得，好像……」她停頓了一下，「好像……」她又停頓下來。「我想，我現在真的能感受到大家的壓力。我以前就是把一切都埋藏起來。但是天啊，那裡的人壓力好大！」

「相當糟糕，是吧？」

「非常糟糕。這就好像齋戒三個月後馬上開始吃垃圾食物一樣，實在糟透了。我不知道我還能撐多久。」

「妳打算怎麼做？」

她知道自己不想再當律師的事實依然縈繞在心頭。揭露出的真相往往需要時間來付諸實行，但是我真的想知道蜜拉能夠再堅持多久。

「老實說，我還不知道。我才回去上班三天，滿腦子只想著我寧可待在家。」想到她發現自己喜歡上不工作的事實，蜜拉笑了。「我從沒料到我會變成這樣。」

蜜拉不再難以想像另一種生活方式。如同長期被關在籠子裡的動物害怕自由那般，對繪畫的恐懼曾經吞噬她、令她僵住，現在終於融化了。她的創作生活不再感覺像是敵人，她對自己人生的渴望不再像是個威脅。

「妳回去上班，蜜拉貝感覺怎麼樣？」

蜜拉思考了一下我的問題。像這樣提及她兩個相互矛盾的自我，已經成為我們之間一種簡略的表達法，彷彿是我們倆都熟知的故事。我們熟悉裡面的人物和她們的行動方式，並且密切地追蹤她們。

「我想她還好吧？我的意思是，我想她大概知道……」蜜拉嘆一口氣停頓下來。「我想她知道這份工作可能快要結束了。」

我挑起眉毛。

「我曉得我撐不了多久了，」蜜拉繼續說，「情況已經變得很明顯，這不再是我想要的了。」

我點點頭，蜜拉的頭腦清晰令我感到安慰。

「哦，真是奇怪……」蜜拉沉思著抬起頭來。

「怎麼了？」我問，「什麼東西很奇怪？」

她笑了起來。「我想我剛才看到珍妮佛和蜜拉貝在同一個地方。好像……

噢，我的天啊……妳確定這不會很蠢嗎？」

「一點都不蠢，」我回答，「有東西從妳的潛意識浮現出來，只要見證就好。妳說她們在同一個地方是什麼意思？」

「呃，我覺得我自己的這兩面一直是彼此分開的，好像存在於內心的不同宇宙或房間……可是現在，感覺她們其實認識對方。」

蜜拉輕拍一下自己的額頭，然後俯下身來，低著頭。等她再抬起頭來時，眼中含著淚。

「妳感覺怎麼樣？」我緩緩地開口問。當然，我看得出剛才發生了非常深奧的事情。

「我不知道，感覺好像……」蜜拉不再試圖控制眼淚。「好像我所做的一切都是真實的，這真是個奇怪、深奧的事實。」

「妳覺得鬆了一口氣，」我主動說。

「對，就是那樣。正是如此。我覺得鬆了一口氣，好像徹底鬆了好大一口氣。」她吸一口氣反思內心生活。「好像我不再被分裂、區分開來。」

這是蜜拉為了達到平衡，付出一切辛勤努力的結果——她那兩個迥然相異的自我，達到了最初的整合，她深切地感受到了，不過內心的體驗卻很難解釋。覺得自己**分裂**後又感受到**完整**，這感覺就像少了頭痛或噁心的感覺；一種寧靜、健康的感覺取代了以前持續折磨人的不適。對從來沒感受過那種不適、沒渴望過與自己另一面整合的人，很難解釋這種經驗，尤其是「勝利」不在表面或不容易觀察到的時候。

實際上，現在蜜拉在工作上**沒有**以前那麼成功。她不再那麼熱衷或全力傾注於工作，高薪的保障不再足以讓她想留在事務所。在某些方面，她的生活也不像我們開始合作以前那麼穩當，但是內心裡，蜜拉感到前所未有的安心。她現在清楚知道自己是什麼樣的人，以及如何將自己相異的部分連結起來，而不是將她們封閉在不同的領域中。她比以前堅強、更清楚自己的目的，不再擔心自己的一面正在埋伏等著擾亂另一面。此外，這種內心的安全感提供了深切的肯定。她不再為自己的生活苦惱，也不擔心無法控制的大災難逐漸逼近。而且我了解到，她也越來越清楚自己的優先事項。

「我想我們準備開始試著懷孕了。」沉默良久以後，蜜拉再度開口。

「哦，真的嗎？」我驚呼了一聲。「跟我多說一點。」

「我想，這是整個治療對我而言的意義之一。我現在明白，我最想做的就是當個母親，雖然我自己的母親對我有別的期望。」她輕輕地嘆口氣。「我現在才知道，我更想待在家裡作畫、煮飯，並且希望養個孩子，而不是整天待在辦公室。到最後，我其實想要的是像我母親那樣的生活，或者說至少現在是這麼想著。」

蜜拉深信的價值觀徹底改變了——或者說顯露出來了。她發現她最想要的生活與她多年來努力的目標正好相反，在很多方面都與母親對她的期望相反。但是蜜拉成功地完全改變了生活，而且沒有出現她覺得一直在內心醞釀的崩潰或危機。她的婚姻在婚後不久就經歷了如此徹底的生活轉變，經常令我感到佩服又有點驚訝。她丈夫了解母親過世帶給她難以釋懷的悲傷，希望她能夠有空間消化悲傷。而本身是律師的他也明白，儘管蜜拉工作表現出色，但那不是她想要的。

蜜拉望了窗外一秒後轉回看我，用手中揉皺的面紙擦拭鼻子。

「湯姆說我最近快樂多了。」她大笑著說。「嗯，雖然他沒有說出來，不過我想我現在比較好相處了。他喜歡我和他分享更多我自己的生活。」

「妳也覺得有些不一樣嗎？」

「對，我覺得我比以前花更多心思在他身上。而且我也很喜歡烹飪！我告訴過妳嗎？」

「只說了一點點。」

「喔。我一直在用我母親文件夾裡的食譜做菜，煮得非常開心。我需要去印度市場買一些一般店家沒有的香料和冷凍食物，我開始認識幾個擁有或經營這些店的女士。」她開懷地笑了。「真的很好。」

雖然不是馬上發生，但蜜拉真的懷孕了。他們艱難地經歷了一些生育問題和流產後，她才感到足夠安心能分享她懷孕的消息。在這段期間，她開始計畫如何有策略地離開工作崗位，同時保有她的醫療保健服務和產假。但是到這時候，只剩下安排協調方面的問題。蜜拉在情感上已經不想再繼續工作了，她準備好享受待在家、做菜，以及到工作室畫畫的生活，最近她還學著為舊家具換新椅面。她想開始為孩子把家裡打點好。雖然她認為自己還沒完全厭倦當個律師，但她也不打算生完孩子後馬上回去工作。她只是任由事情變得開放而不確定，這本身就是很大的改變。蜜拉的快樂簡單而明確。

我們最後一次治療是在蜜拉生產的幾個月前。在寶寶出生兩個月後，她寄給我一張她們倆的合照跟一張字條。

「這真的非常、非常辛苦。我嚴重地睡眠不足，我不敢相信其他人是怎麼辦到的。但是我這輩子從未這樣清楚地知道自己是什麼樣的人。說真的，我以前從來沒這樣平靜地看待一切。」

收取回報

「跟我合作的編輯問我，是否可以把我的一篇小說送去參加線上比賽，」有天下午丹尼告訴我，「她認為我的小說很有機會獲獎。」

「真的假的！」我大聲驚叫。我恭喜他獲得了他非常尊敬的人的肯定。

「她還認為我應該去念研究所，」丹尼扮了個鬼臉繼續說，「她認為這可以幫助我完成系列作品。」

我讀過丹尼的小說，是講述一名在古巴長大的年輕人邁入世界末日後的科幻小說。我告訴他我不知道結果會如何，但這篇小說出色得令我印象非常深刻。

接下來幾個月，丹尼勤奮努力地趕上緊迫的截止日期，向一些備受推崇的寫作課程遞出申請。再過六個月，他被幾所學校錄取並且獲得兩所學校的獎學金，作品也在短篇小說比賽中獲勝。作品逐漸獲得認可所帶來的喜悅深具感染力，他眉開眼笑地感到自豪，每次他帶新消息來，我也跟著綻放笑容。幾年前我們剛認識的時候，很難想像會有這樣逐步開展的成功。

不過，他的寫作事業不是唯一發展起來的。幾乎在同時，還發生另一個重大變化。

「怎麼了？」有天治療開始時，丹尼異常沉默，我用近乎懷疑的眼光看著他。我分辨不出事情是好還是壞，不過他似乎保守著一個祕密。

「我認識了一個人。」丹尼紅著臉開口說。

「噢！你很開心吧！」我鬆了一口氣。「你認識了一個人？」

他點點頭。

「你想多說一點給我聽嗎？」

丹尼靦腆地聳了一下肩。他放慢速度，或許害怕分享出來會打破某種魔咒，卻又渴望向我傾訴一切。

「她非常酷……」丹尼害羞地笑著說。

「你們是在哪裡認識的？」

「她和我一起上星期六的瑜伽課。我迷戀她很久了。」丹尼看起來既擔憂又高興，他蹺起了二郎腿。「她棒極了。」

過去好幾個月以來，我看到丹尼強壯多了，也沒那麼無精打采，差異非常明顯：他站得比較挺直，不再看起來像是被生活擊敗。他身上有種以前沒有的韌性和剛毅。此刻從丹尼有點呆滯的眼神中，很容易看出他有多麼著迷。

丹尼不敢相信自己的好運——這女孩也喜歡他。儘管她看過他在瑜伽課上的動作，她還是喜歡他，丹尼覺得難以相信。他無法想像有人會想要他的身體、他可能會吸引到別人；也無法想像他可以喜歡她，而她可能也喜歡他。這件事本身就令人興奮且具有療癒效果。

「她在讀物理治療。」丹尼朝我揚起眉毛，感到欽佩又高興。「我想這似乎是對我的本性很有益處的反面。」他指的是相對於他身為作家特有的、沉思的自我，能夠有人一直為他示範健康的具體表現是件好事。

丹尼透過與我維持一貫的可靠關係而成長，這是大多數治療的核心要素：慰藉、依附、鏡射。不過，當丹尼開始了這段愛情關係後，情況會更進一步改善。他與她建立的伴侶關係安全、忠誠而無偏見，帶來的喜悅讓他開始以新的方式成長、成熟。她和他一樣清楚知道自己的界線和需求，他們能夠彼此相愛，同時互相設限。丹尼在性方面也開始在全新的領域旅行。他需要體驗安全探索自身的情感和性能力，不必為自己的身體感到羞恥，或覺得對自己尊重的女性擁有支配權力。在這段關係中，他能夠允許欲望自動浮現，也學會吐露自己的缺陷和恐懼。

在接下來幾星期、幾個月裡，丹尼和他女朋友在全州各地短途旅行，並經常到荒野健行。他們一起好好進食、好好睡覺。丹尼感受到不會令人疲累的伴侶關係，而且多年來頭一次體驗到持久的身體放鬆和喜悅。

「因為我們所做的一切，讓我現在窮得要命，一毛錢都沒有。不過管它去死。」丹尼大聲說。

「值得嗎？」

「哦，值得，毫無疑問地。」

丹尼現在有種趾高氣昂的感覺。

「我想我一直覺得自己好像在水底下，」有一天，他回想這些變化的時候告訴我，「或者困在海上。」

「好像你溺水了，是嗎？」

「是，好像我溺水了，或者只是完全失去方向地漂流。現在我不再有那種感覺了。」

「沒有了？那現在有什麼感覺？」我問。

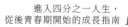

「感覺好像，就算我在水裡，也有牢固的繫繩拉我回來，或者有平臺可以依靠。我沒有那種迷失或者快要溺死的絕望感。」

我回想起剛認識丹尼的那幾個月，那時他看起來精疲力盡。不難想像他真的泡在水裡、驚慌失措。我喜歡他現在反映出的畫面：安全地待在水中，而且有回到陸地的方法。

丹尼持續在我這裡治療，一直到他去念藝術碩士課程為止。到那時我們已經合作了將近四年，這樣持久的輔導／治療關係很常見，只是不受保險公司稱頌，也不受喜歡「速效對策」的文化青睞。等到丹尼離家去上學時，他的生活已不只是勉強維生。他不想再對生活置之不理，彷彿那是惱人的折磨。當然，他的日常生活中仍然會有一陣一陣的憂鬱和焦慮。他為無數的社會問題、氣候變遷，還有痛苦中的朋友擔憂。他仍然為精力和自我照顧所困擾，但在內心深處，丹尼有種基本的安全感。他覺得他的生活也有容納安全及神祕的空間。丹尼明白新的掙扎和失望會出現，但是他知道可以真心地慶賀自己活在世上、擁有世界所提供的一切。

盡情綻放

「我調查了城裡的女性商業課程。」葛蕾絲吐露，十分興奮又有點緊張。

「哦，是嗎？什麼課？」

「以考慮創立小型企業的女性為對象的課程。比較多是有關編製預算和簿記的課程，不過也有像是可以到哪裡貸款、如何管理庫存的課程，各式各樣的都有。」

「噢，太好了。」

「對。這似乎是對我很有益處的事，妳懂嗎？我真的很喜歡用更好的方法來理財。」葛蕾絲哈哈大笑。「這是不是很蠢？說我喜歡『理財』？」她用彷彿異想天開的語調問，邊說邊搖動肩膀。

「妳覺得那很蠢嗎？」

「不，我喜歡。我也一直在給我媽理財的建議。我們一起查看她的信用卡利率，哎呀，我的天！她很需要這方面的幫助。」葛蕾絲搖搖頭看著地面。

「我簡直不敢相信。」

「有這麼糟啊？」

「糟透了。難怪我從小到大她的壓力都那麼大！我的意思是，坦白說吧，她的壓力有成千上萬個原因，不過財務是其中之一。」

「所以，妳們兩個最近也談比較多的事情嗎？」

「稍微多一點。」

「談得怎麼樣？」

「她說，如果我去看家庭治療師，她會跟我一起去看個幾次。」

「哇！我想，我很意外。」根據對她母親個性的描述，這項提議出乎我預料。「妳認為妳們會去嗎？」

「我想去。」葛蕾絲點了一下頭。「我們需要這麼做。我認為這對她也會大有幫助。」

葛蕾絲現在二十六歲了，她仍然在成長，不過已經起了很大的變化。在開始處理財務問題幾個月後，她在附近一家花店展開了新工作。她開始想要更認真地看待自己的工作，知道她需要賺更多的錢。花店的時薪只比她當服務生的收入多兩美元，但是對葛蕾絲而言意義重大，而且更符合她的興趣。她喜歡她的同事，喜歡整天待在植物周圍。對她來說，生活明顯比以前穩定而有活力，也更有意義。

「最終，我想開自己的花店攤車，」葛蕾絲解釋道。「那是我打算著手的商業計畫。」

「攤車？像快餐車那樣？」

「對，我想改裝一輛小巴士。我一直在網路上尋找，也和一些擁有快餐車的人討論有關停車、許可證等等的要求。」

葛蕾絲未來的完整計畫慢慢浮現。她對自己創造東西、獨立自主的能力逐漸建立了信心。她對自己在社交和戀愛方面也了解到許多。

葛蕾絲搬進自己的公寓已經兩年了。她一直在談戀愛，並且努力把交往可能產生的溝通及界線問題弄得清楚明白。她慢慢改變對自己極限的認知，既不糾纏、依賴某個人，也不完全任由朋友們予取予求；不再像是一座活血庫，把自己的血液奉獻給任何需要她的能量、關注或明智建議的人。葛蕾絲開始能夠傾聽自己的身體和感受到的聲音。她學會了注意自己不易察覺的需求，而不總是為了避免遭到拒絕而屈從他人的需求。她學會說不——或者說，至少她正在練習。她也了解到，自己實際上需要多少獨處的時間。

「最近我非常、非常喜歡獨處。」她幾乎是眉開眼笑地表示。

「妳開始覺得自己其實可能是個內向的人嗎？」我微笑著說。

「哈！」葛蕾絲大笑，「說不定哦？」

「我認為有時如果我們沒有足夠的獨處時間，那麼外向時期可能更像是躁狂症，而不是真的令人活力充沛的社交時間，」我表示。「我們會以為自己超級喜歡社交，但其實我們只是有點瘋狂又精疲力盡。」

葛蕾絲挑起眉毛。「噢，我的天啊。一點也沒錯！這很有道理。我真的不像以前那麼躁狂了。」她在仔細思考。「我想我以前不曾想要獨處是因為，呃，我一直覺得那樣很可怕。但現在我真的非常渴望獨處。」葛蕾絲把兩腿往前伸。「我想那也是我對商業課程感到興奮不已的原因之一。我想學點在家可以研究、集中注意力的東西。」

葛蕾絲開始發現，只要有足夠的獨處時間，她就可以走入世界，不會有快被壓垮的感覺。在這些日子裡，她會感覺比較有條理、比較不會熄火消失。

一點一點地，葛蕾絲所有的努力開始開花，有如一座悉心照料的花園。她整合自己學到的東西，將剩下的製成堆肥。越來越多過去的創傷成為她未來的肥料。

在我們最後一次治療的結尾，葛蕾絲反問我：「為什麼從來沒有人教我這些事？」

「妳的意思是什麼？」我問。

「就是這所有的事情。比如說，怎麼做人！從來沒有人教我怎麼做人！」

我聳了聳肩。「老實說我不知道，」我對她表示惋惜，「對你們這年紀的人來說，情感和心理方面的指導實在太少了，事實上對任何人都是如此！」

「真的！我其實很期待下一個階段的事情，」葛蕾絲吐露。「現在人生感覺好像一場冒險喔！這句話聽起來很老套，但我真的不覺得自己只是努力活著。我想我以前一直以來都是這樣子，努力求生存而已。」

我點了點頭。「我也這麼認為，而且妳做得很好。」

「嗯，不過我現在對未來真的很期待。我期待挑戰，看看我接下來能做些什麼。」

我朝她挑起眉毛，最後一次高興、開玩笑地露出震驚的表情。我覺得眼前這位女性非常了不起。

「我很高興聽妳這麼說。」我告訴她。

結語

用這類書來拓展我們對可能性的認知是十分重要的，就算不能提供滿意的解決方案，至少可以照亮前方的道路。當我們感到迷惘或痛苦時，需要由衷地對截然不同的未來抱著希望。我們需要一些徹底轉變的故事，才能相信有脫離痛苦、向前邁進的道路。當我在四分之一人生掙扎著找尋自己的路，做著沉悶無趣的工作，為金錢、世界局勢和自己的未來感到焦慮時，我需要知道至少存在著擁有不一樣人生的可能性。許多講述青年人的故事結局充滿了喜悅和潛力，無論是真實或虛構，都曾經給了我很大的幫助。在這本書中，我想展現同樣的東西。我現在知道，青年有可能擁有更好的未來。

當然，這並不是蜜拉、康納、葛蕾絲或丹尼故事的「終點」。我預計他們每個人都還有數十年的生命，人生將會繼續賦予他們挑戰和驚喜的禮物。但是目標——我的希望——是透過有意識地與自己的過去**分離**、**傾聽**自己、在四分之一人生階段建立自己的人生、將穩定與意義整合起來，在這個過程中獲得的成長與工具，將有助於指引他們度過內心和外在的風暴。他們可以反覆不斷地回到這些支柱和焦點，以重新確認方向、增強平衡感。

然而必須指出的是，並非所有故事的結局都充滿希望。我不由得擔心，這樣明確的解決辦法，可能會讓那些覺得自己進度停滯或「耗時過久」的讀者感到羞愧。另外必須知道的還有這點：我除了見識過令人驚奇的變化外，也曾經和某些案主一起奮鬥多年，才真正深入了解他們的痛苦或是明白該如何幫助他們。那或許是他們無法戒除的癮頭、無法擺脫的有害信仰體系，或是像老虎鉗一樣緊緊箝住的虐待關係，以及我不熟悉的神經表現特異症，或是需要開立處方、調整或去除的藥物治療。當案主和我都難以理解為何他們的治療和成長會停滯不前時，我知道這之中就存在著這些可能性而感到謙卑。

值得重視的是，讓青年「陷入困境」的許多問題，其核心是各種形式與大小的創傷。受過創傷的青年比比皆是。即使躲過了創傷，在強調左腦學習和高壓競爭的學校待一輩子，加上與數位裝置保持著就算不是持續不斷也很頻繁的關係，這些都可以讓一個人脫離自己的肉體，以及任何與內心生活和想像有關的體驗。這個過於線性、合乎邏輯的二元世界，讓青年變得游離。創傷研究者暨心理學家彼得．列汶提出了同樣的觀點：「不是只有受過嚴重創傷的人才會脫離軀體；大多數西方人都曾有過與自己內心的感官羅盤分離的經驗，雖然沒那麼戲劇化，但依舊會造成損害。」我們需要這些內心羅盤來尋找方向。

我對未來的心理健康照護和四分之一人生的心理治療，抱著一個殷切的期望：能擁有越來越多重視實際體現的創傷知情照護。這表示要有更多的創傷知情臨床醫師，以及有支付治療費用的資源。這可能意味著要創建照護中心，讓年輕人可以在那裡靜修，能夠免費待上一段時間治療、休養，以緩解威脅他們生命、阻礙他們成長茁壯的症狀。儘管我自己是創傷知情的心理治療師，但很多時候我都希望，我能夠毫不費力地介紹案主到這樣的靜修中心——在那裡，他們可以從一群訓練有素的從業人員身上得到頂級照護；這些人員以考慮到身體的方式治療心理創傷，而這樣的照護將由保險全額支付。在我的幻想中，這些地方都很美麗，像是古老的修道院，有豐富的自然景觀、寧靜，還有富含營養的食物。這種照護可以拯救生命，讓人避開毒品勒戒中心、監獄和無家可歸，預防生理疾病和企圖自殺，阻斷我們知道可能是源於過去傷害的虐待關係循環。讓長期的靜修時間成為正常、改善可獲得的創傷知情照護，應該是國家的當務之急。

然而，我在思考四分之一人生心理治療的未來時，擁有資金支援、高品質的創傷治療只是開端而已。我知道年輕人「陷入困境」、「無法起跑」或者「無法茁壯」，也可能是結構不平等的無數層面造成的。

身為心理治療師的一大困難是，在辦公室裡經常遇到社會不平等、不公正所產生的影響，但我卻在經濟上或其他方面都沒有餘地或力量為我的案主——或永遠無法踏進我門內的案主——來改變事情。有些問題我身為心理治療師可以處理，但有些問題我無能為力。

我無法調整暴漲的高等教育費用以及不斷膨脹的就學貸款，這些問題讓很多青年儘管「做對了每件事」仍無法擺脫債務，並阻礙了許多青年上大學或追求更高的學位。我也無法解決同樣失控的住房成本，以及薪水與生活開支之間日益擴大的差距。

我沒辦法解決的事實是，我有許多案主沒有健康保險可以支付心理治療的費用，或者難以支付讓他們能來看診的高額自付額或部分負擔費用。我獨自一人沒辦法負擔浮動費率的完整心理治療工作，或者與多到令人眼花撩亂的保險公司保持「醫療網絡」的關係。大多數保險公司都不看重心理健康照護，所支付的心理健康治療費用遠低於全國的平均水準。

我沒辦法保證青年在高中畢業後，能至少具備基本的理財能力和烹飪營養的基礎知識，並且對健全的溝通、設定界線，以及約會的潛在危險有初步的認識，還有對健康照護和自我照顧有基本的了解。這些知識即使無法拯救性命，也能迅速改善生活品質。

我無法幫助那些在這個國家或在世界各地的戰區、難民營與邊境城鎮，和移民官僚抗爭的青年。他們想獲得追逐夢想的自由，這本當是基本的人權。

我沒辦法保證每個懷孕的青年，都能選擇如何對待自己的身體和未來。

我無法保護青年不受街區和學校裡的槍枝暴力傷害。

我無法阻止威脅他們未來生計的氣候危機。

我還可以不停地說下去。

雖然我的工作專注在四分之一人生階段的心理，但我內心始終惦記著另一層面的問題：整個社會拒絕將這階段的人生當成社會正義的問題來關切。對於社區及世界各地無數的青年而言，不論他們多努力地想要改變現狀，結構性的問題卻完全超出他們的控制範圍，阻礙了他們過上自由、充實生活的機會。

儘管社會以關切無數年輕音樂家、運動員、演員的感情生活和名氣為樂，卻也幾乎同樣熱衷於嘲笑他們實際的身心健康狀況，批評他們犯的每個錯誤，譏諷每個真正的心理健康問題。同樣的態度逐漸擴散到家庭和社區裡。可以說，四分之一人生的成功是從客廳到好萊塢、奧運等整個文化的主要焦點，然而由於種種原因，哀嘆或奚落他們無法總是表現完美，實際上也是一種全國性的消遣。

倘若我們採取不同的態度呢？

假如讓支援四分之一人生這件事，就像我們涉足幼兒期發展和臨終照護的支援那樣，是否也能成為國家的優先事項呢？

我也曾經深陷於文化對成年前期的漠視中。我也曾經以為我的好奇心無足輕重，並且不得不和內心無數的惡魔交戰，它們乞求我把精神集中在「更重要的問題」上，那些問題曾經占據我全部的注意力。然而我心中有種感覺還是毫不退讓，我需要了解這個奇特、不受重視的心理學領域。這種想法揮之不去，宛如重擔似地壓在我的肩膀上，始終無法放鬆或放手，直到我全心全意地接受這股好奇心。我學到的是，當我們在談論四分之一人生發展時，實際上討論的是成熟的公民、社群成員、伴侶及父母的發展。我們談論的是引導人類成長，以及選擇是否讓社會來主導健全人類的成熟過程。由於長期以來對這年齡層的投射作用，評論經常指責處於四分之一人生階段的人。選擇白眼看待這個問題的重要性，就等同忽視了讓社會更健全的機會。在健全的社會裡，不斷成長的公民可以受到良好的教育，有良好的飲食和住家，並且得到他們需要的身心健康照護。在這樣的社會裡，青年在建立獨立的生活時，可以自由地做自己的決定，洞悉如何創造相愛、清醒的關係，包括用愛與關心養育他們自己的孩子——倘若他們選擇生孩子的話——並且擁有支援他們的資源，以及總有一天也要放手讓孩子走向所需的健全界線。

所有在政府和主流文化前表達不滿的族群，他們在最初及往後很長一段時間都遭遇抵制、嘲弄和拒絕。在行動主義和變革的歷史中，不同年齡層的群體都曾極力要求保護和關注，或者有其他人代表他們這麼做。童工曾被認為是可接受的；有保障的社會安全福利及聯邦老年醫療保險，過去只是個想法而已；從幼兒園到高中的免費公共教育，也曾經只是個夢想。

同樣地，主張藉由立法、保護和資金支援，讓影響青年的那些結構與社會面的障礙成為集體關心的範疇，這種看法一開始在某些人眼中也可能顯得荒謬或難以理解。然而，從免除就學貸款、首購族擁房的可行性等經濟問題的討論，到更廣泛的軍事需求、黑人及棕色人種的社區治安、原住民婦女的失蹤及謀害、跨性別女性遭謀殺、對生育權不間斷地抨擊、LGBTQIA+*群體中無家可歸的比率等問題之中，我們可以看到，**主要受到影響的都是青年**。

無論是有關經濟機會——打造獨立生活的關鍵要素——或是具體的自由安全，現今困擾青年的社會問題阻礙了許多人的發展，並且製造了足夠的障礙讓其他人進入酷刑室。

值得一提的是，我們最近（我希望）剛擺脫一場全球大流行病，這場流行病以戲劇性、有時是毀滅性的方式影響了青年的生活。許多案主在疫情爆發的最初感到如釋重負，因為他們生平頭一次能夠從無休止的工作日、經濟壓力和社會義務中解脫出來，同時領取小額失業補助的支票來貼補生活必需品的支出。很多人以不同於尋常的方式利用了這段時間，做些深入的心理作業，這是在兼顧其他事情時無法辦到的。脫離忙碌的生活休息一陣子後，他們徹底改變了自己的生活。但我也有些案主和各地青年一樣，經歷了持續且有害的壓力，他們努力照顧老人與小孩、在經濟上設法生存，同時還要應付自己的健康照護、線上課程、極端的孤獨等等。無數的青年看著工作和就學機會在眼前消失，在極短的時間內，他們匆忙離開仍然堆滿自己東西的宿舍，過了好幾個月後在線上畢業，無法擁抱朋友或好好地道別。

值得慶幸的是，其他作家已經在很多文章和書籍中處理了這些影響青年的各種主題。有些評論家談到這年齡層的人如何受到疫情及氣候變遷、移民政策、監禁率、生育醫療保健的影響。有些人關心的是，不同世代在首次擁有住房及獲得高等教育方面的差異——使用了「嬰兒潮世代」與「千禧世代」這類世代名稱的研究，可能會變得密切相關且大有幫助。〔請看吉兒．菲力波維奇（Jill Filipovic）的《好吧，嬰兒潮世代，我們來談談》（*OK Boomer, Let's Talk*，暫譯）對此問題的精彩分析。〕但是一般說來，由於這階段的人生缺乏單一的名稱——有時甚至很難被視為**人生的一個階段**——作家和積極分子們對國內青年擁有獨立生活和成長茁壯所必需的權利，以及支援他們的潛在價值，還沒達成一致。

我夢想有一種文化，會盡可能為掙扎的青年提供真正的引導和經濟援助，

＊指的是Lesbian（女同志）、Gay（男同志）、Bisexual（雙性戀）、Transgender（跨性別）、Questioning（疑性戀）、Intersex（雙性人）、Asexual（無性戀）、+（未來還有別的可能性）。

而不是在每個角落都有槍枝，一有危機就讓他們入獄，或是每次悲傷就提供藥物。我希望的，不是創造一座從青春期到中年的鍍金滑梯（我已經可以聽到對我的建議感到厭倦的批評）。活著就是要實際體現，體現就是要不斷地掙扎再茁壯、掙扎再茁壯。這種內在的振盪是我們與生俱來的權利。我們的特權是學習如何駕馭變化、成為最完整的自我，以及如何創造、如何去愛。如同在我之前的許多神學家、哲學家、心理學家陳述過的，我很確定人生的複雜甚至痛苦本身，就是發展、成熟、獲得根深蒂固的人生意義的核心。詹姆斯．鮑德溫（James Baldwin）寫道：「不能吃苦的人永遠不會長大，也永遠不會發現自己是什麼樣的人。」不過，正如鮑德溫一生也堅持地主張，主流社會可以而且必須更加好好地照顧每一位公民。

四分之一人生真的沒必要這麼辛苦。

倘若在四分之一人生追求穩定和意義這件事，被視為正常人類發展所不可或缺的，而被公認為是社會正義的問題，那麼我們就可以將青年對抗——且經常屈服——的無數問題都集中於一處。我們可以共同努力，讓成年期的第一個階段不再充滿陷阱、騙局和流沙。可以肯定的是，這樣做的結果將會減少個人的痛苦——這應該是很充足的動力，另外也會導向從根本上更健全的文化。當我們的公民和社群成員開始成年生活時，能有更多的機會和定向，並且覺得社會把他們當成重要的一分子來照顧，那麼整個社會結構就會改進。我們不需要繼續幾世代以來的欺侮和告誡：「我都弄明白了，你為什麼不能？」

儘管這段旅程無時間限制，但這條路向來不容易。或許不幸的是，在四分之一人生階段生存茁壯的清單並不存在。這只是我們個人的人生旅程，我們個人有責任追求自我發現和治癒，並從中獲得個人的樂趣；社會則可以用無數的方式支持，或者也可以妨礙、破壞這種追求。我們可以做得更好。對無數的青年而言，這條路可以比現在來得容易，也可以充滿更多的愛、同理心、安全和實際的支持。我只希望這本書能夠提供一些概要讓人知道，在四分之一人生的深層心理道路上行走時需要什麼，以及最後能富有活力地實際體驗到一個人獨特的生活，並找到自己的真相，同時也能找到結構與目的、穩定和意義兩者密不可分的整合經驗。

致謝

倘若沒有我的案主們，這本書將只是理論而已。我永遠感激他們多年來教導我那麼多事情，幫助我增進對四分之一人生的了解。我同樣感激許多我的心理治療師、另類治療師和老師，他們在我度過四分之一人生歲月時，幫助我存活下來、找到自己的路。

十多年來，我一直以某種形式在構思、書寫這本書。我花了很多年的時間研究，寫了一篇碩士論文還有各種不同的文章，才終於有了成果。感謝《心理學觀點》（*Psychological Perspectives*）期刊的編審委員會採納了一篇從榮格觀點看「前半生」的文章，並且從中看出發展成書的潛力。我很感激羅伯特・辛肖（Robert Hinshaw），他對那篇文章很有信心，提供了初期的編輯，並且一路幫忙指導到書籍出版。感謝伊莉絲・洛寧（Elise Loehnen）和琪琪・科羅謝茨（Kiki Koroshetz），她們在《Goop》雜誌上刊登了我後來的一篇文章。

那篇文章刊登後不到一週，後來成為我的經紀人的大衛・麥考密克（David McCormick）就與我連絡了。大衛教我一些要領，確保我的計畫書交到合適的人手中，結果真的辦到了。我無比感激大衛和茱莉・格勞（Julie Grau），她是我在藍燈書屋最初的編輯，在看到計畫書後就買下了這本書。我很感謝他們對這本書深具信心，無法用言語表達我的感激之情。

這本書有自己的時間表。謝謝凱特琳・麥肯納（Caitlin McKenna），我在藍燈書屋的第二位編輯，她接手了這本成為孤兒的書，為早期結構不善、品質不佳的草稿把關。還要特別感謝我的第三位也是最後一位編輯艾瑪・卡魯索（Emma Caruso），她在凱特琳請產假時接手，在那之後的幾年間，以非凡的專注力幫助這本書成形。我最初構思的書因為艾瑪的投入、提問、洞察力和奉獻，才逐漸成熟。

感謝我傑出的校稿員麗茲・卡博內爾（Liz Carbonell），和兩位可靠的試閱讀者米亞・亞歷克斯（Mya Alexice）和米娜克什・文卡特（Meenakshi Venkat），他們都提供了深思熟慮後的微調建議。感謝維多莉亞・黃（Victoria

Wong）精心編排這本書，還有藍燈書屋所有參與的編輯、設計、排版、行銷、計畫管理等我不知道姓名的工作人員。謝謝我的事實查核員茱莉・泰特（Julie Tate），她在接到通知後在極短的時間內查核了這本書，避免我犯下幾個問題不大但令人尷尬的錯誤。我也非常感謝妮娜・邦傑瓦克（Nina Bunjevac）為這些書頁畫了精彩的插畫，謝謝她對這計畫懷抱信心。

在這趟出版之旅中，還有我私人的歷程。我很感謝基爾斯頓・柯林斯（Kirsten Collins），我在四分之一人生階段崩潰時她也在場，但是不知為什麼，她從第一天起就難以置信地由衷對我的事業及這本書深具信心。感謝霍莉・赫雷拉（Holly Herrera），自從我們在大學成為室友相識以來，她一直是非常忠實的朋友，也是多年來我隨叫隨到的心理治療師朋友。我很感謝伊文・施耐德（Evan Schneider）和茱迪絲・愛荷華（Judith Edwards），這趟旅程從計畫書到早期草稿，他們一直都在我身邊，跟我談了很多次、對我大有幫助。謝謝麗貝卡・海曼（Rebecca Hyman），她幫我解決這本書裡棘手的理論部分，並且為接近最後版本的稿件提供了詳盡的註解，讓稿子更完善。我要感謝米雪爾・魯伊斯・凱爾（Michelle Ruiz Keil），她讀了非常早期的草稿，又讀了較晚期的草稿，在我最需要的時候幫我改善了一些關鍵的地方。感謝吉兒・菲力波維奇（Jill Filipovic）提供了一些非常重要的意見，告訴我哪裡該刪減，哪些該保留，一直給我很多的幫助。謝謝一路陪伴的薩拉・格斯特（Sara Guest）、約翰・布雷姆（John Brehm）、克瓦米・斯格魯格斯（Kwame Scruggs）、勞倫・尼亞茲多夫斯基（Lauren Gniazdowski）、山姆・亞歷山大（Sam Alexander）、琳賽・拉托斯基（Lindsay Ratowsky）、阿雅娜・賈米森（Ayana Jamieson），和其他的朋友、家人、同事，感謝你們。

倘若沒有莎樂美榮格研究所（The Salome Institute of Jungian Studies）的這群夥伴，我就會迷失了方向，尤其要謝謝卡蘿・費里斯（Carol Ferris）、凱莉・斯文森（Kelley Swenson），還有我長期的學生及莎樂美之友。羅賓・梅施（Robin Mesch）和史考特・漢利（Scott Hanley）在客廳主持莎樂美沙龍長達兩年，他們從一開始就深深地相信我。你們的友誼和屢次有形的幫助，對我來說意義重大。

言語無法表達我對母親安妮塔・道爾（Anita Doyle）的感激，她向我介紹了榮格的作品和夢想的世界，送我一本《易經》讓我帶去上大學。同時，我父親艾拉・碧阿克（Ira Byock）向我示範了身為一位臨床醫師－作家－積極分子－專業人士可能的生活樣貌。您對我的生活和事業相互正面的影響無法量化。感謝我的繼母伊凡・柯貝爾（Yvonne Corbeil），她和我爸媽以精闢的評論與熱情，閱讀了本書的定稿，並在每個階段給予我支持。我滿心地感激。

謝謝莫莉（Molly）阿姨，感謝她總是稱讚我，並且有興趣來上我的課。感謝我的妹妹麗拉・碧阿克（Lila Byock）及妹夫山姆・肖（Sam Shaw），他們頌揚這本書，幫忙解決出版過程中的問題，最後說服我改變書中某些人物的名字。（謝了，小麗。）

最後，我無比地感激杰（Jay），他打從一開始就對這本書滿懷信心，後來也在數不清的談話中與我討論細節，一次又一次地幫忙校訂草稿，讓稿子變得更加出色，並且給予我情感上的支持。為了這一切，但也不僅是為了這些，我深深地愛你。

國家圖書館出版品預行編目資料

進入四分之一人生，從後青春期開始的成長指南：突破求學、就業到成家的迷惘，找到最安心的生存姿態／莎堤雅．道爾．碧阿克（Satya Doyle Byock）著；黃意然譯. -- 初版. -- 臺北市：日月文化出版股份有限公司，2023.05
320面；14.7×21公分. --（大好時光；67）
譯自：Quarterlife: The Search for Self in Early Adulthood
ISBN 978-626-7238-64-6（平裝）
1. 生活指導　2. 自我實現　3. 青年
192.13　112003247

大好時光 67

進入四分之一人生，從後青春期開始的成長指南

突破求學、就業到成家的迷惘，找到最安心的生存姿態

Quarterlife: The Search for Self in Early Adulthood

作　　者：莎堤雅．道爾．碧阿克（Satya Doyle Byock）
譯　　者：黃意然
主　　編：藍雅萍
校　　對：藍雅萍、張靖荷
封面設計：之一設計工作室
美術設計：林佩樺

發 行 人：洪祺祥
副總經理：洪偉傑
副總編輯：謝美玲
法律顧問：建大法律事務所
財務顧問：高威會計師事務所
出　　版：日月文化出版股份有限公司
製　　作：大好書屋
地　　址：台北市信義路三段151號8樓
電　　話：（02）2708-5509　傳　　真：（02）2708-6157
客服信箱：service@heliopolis.com.tw
網　　址：www.heliopolis.com.tw
郵撥帳號：19716071 日月文化出版股份有限公司

總 經 銷：聯合發行股份有限公司
電　　話：（02）2917-8022　傳　　真：（02）2915-7212
印　　刷：禾耕彩色印刷事業股份有限公司
初　　版：2023年05月
定　　價：420元
I S B N：978-626-7238-64-6

日月文化集團
HELIOPOLIS
CULTURE GROUP

客服專線 02-2708-5509
客服傳真 02-2708-6157
客服信箱 service@heliopolis.com.tw

廣告回函
台灣北區郵政管理局登記證
北台字第 000370 號
免貼郵票

日月文化集團 讀者服務部 收

10658 台北市信義路三段151號8樓

對折黏貼後，即可直接郵寄

日月文化網址：**www.heliopolis.com.tw**

最新消息、活動，請參考 FB 粉絲團

大量訂購，另有折扣優惠，請洽客服中心（詳見本頁上方所示連絡方式）。

大好書屋

寶鼎出版

山岳文化

EZ TALK

EZ Japan

EZ Korea

大好書屋・寶鼎出版・山岳文化・洪圖出版 EZ叢書館 EZKorea EZTALK EZJapan

日月文化集團
HELIOPOLIS
CULTURE GROUP

感謝您購買　進入四分之一人生，從後青春期開始的成長指南

為提供完整服務與快速資訊，請詳細填寫以下資料，傳真至02-2708-6157或免貼郵票寄回，我們將不定期提供您最新資訊及最新優惠。

1. 姓名：＿＿＿＿＿＿＿＿　性別：□男　□女
2. 生日：＿＿年＿＿月＿＿日　職業：
3. 電話：（請務必填寫一種聯絡方式）
（日）＿＿＿＿（夜）＿＿＿＿（手機）＿＿＿＿
4. 地址：□□□＿＿＿＿＿＿＿＿
5. 電子信箱：＿＿＿＿＿＿＿＿
6. 您從何處購買此書？□＿＿＿＿縣/市＿＿＿＿書店/量販超商
□＿＿＿＿網路書店　□書展　□郵購　□其他
7. 您何時購買此書？　年　月　日
8. 您購買此書的原因：（可複選）
□對書的主題有興趣　□作者　□出版社　□工作所需　□生活所需
□資訊豐富　□價格合理（若不合理，您覺得合理價格應為＿＿＿＿）
□封面/版面編排　□其他＿＿＿＿＿＿＿＿
9. 您從何處得知這本書的消息：　□書店　□網路／電子報　□量販超商　□報紙
□雜誌　□廣播　□電視　□他人推薦　□其他
10. 您對本書的評價：（1.非常滿意 2.滿意 3.普通 4.不滿意 5.非常不滿意）
書名＿＿＿＿內容＿＿＿＿封面設計＿＿＿＿版面編排＿＿＿＿文/譯筆＿＿＿＿
11. 您通常以何種方式購書？□書店　□網路　□傳真訂購　□郵政劃撥　□其他
12. 您最喜歡在何處買書？
□＿＿＿＿縣/市＿＿＿＿書店/量販超商　□網路書店
13. 您希望我們未來出版何種主題的書？＿＿＿＿＿＿＿＿
14. 您認為本書還須改進的地方？提供我們的建議？

生命,因**閱讀**而**大好**